2014年度中国公路网运行
蓝 皮 书

交通运输部公路局
交通运输部路网监测与应急处置中心 编著

人民交通出版社股份有限公司
China Communications Press Co.,Ltd.

内 容 提 要

本书为2014年度中国公路网运行蓝皮书。全书共九章,分别为:概述、全国干线公路网基础设施运行状况、全国干线公路网交通运行状况、全国干线公路网运行状况综合评价、全国干线公路网运行管理工作情况、全国干线公路网运行监测设施建设情况、全国干线公路网服务工作开展及业务体系建设情况、全国干线公路网应急保障工作情况及业务体系建设情况、全国收费公路网联网收费与服务情况。

本书可供路网运行管理与业务人员、相关科研工作者及社会公众阅读参考。

图书在版编目(CIP)数据

2014年度中国公路网运行蓝皮书 / 交通运输部公路局,交通运输部路网监测与应急处置中心编著. — 北京 : 人民交通出版社股份有限公司, 2016.1

ISBN 978-7-114-12720-5

Ⅰ. ①2… Ⅱ. ①交… ②交… Ⅲ. ①公路网—交通运输管理—白皮书—中国—2014 Ⅳ. ①U491

中国版本图书馆CIP数据核字(2016)第001840号

书　　名:**2014年度中国公路网运行蓝皮书**
著 作 者:交通运输部公路局　交通运输部路网监测与应急处置中心
责任编辑:孙　玺　黎小东
出版发行:人民交通出版社股份有限公司
地　　址:(100011)北京市朝阳区安定门外外馆斜街3号
网　　址:http://www.ccpress.com.cn
销售电话:(010)59757973
总 经 销:人民交通出版社股份有限公司发行部
经　　销:各地新华书店
印　　刷:北京市密东印刷有限公司
开　　本:787×1092　1/16
印　　张:8.75
字　　数:160千
版　　次:2015年12月　第1版
印　　次:2015年12月　第1次印刷
书　　号:ISBN 978-7-114-12720-5
定　　价:58.00元

《2014年度中国公路网运行蓝皮书》

编写领导小组

主　　任： 李彦武　李作敏

副 主 任： 王　太　李爱民

成　　员： 陶汉祥　王松波　杨建国　李　斌
王先进

编写组名单

郭　胜　燕　科　杨　亮　顾志峰　王燕弓　花　蕾
蔚晓丹　王　刚　杨　峰　虞丽云　江运志　陈　洁
刘礼勇　郝　盛　董雷宏　王　琰　郑宗杰　周可夫
高沛源　梅乐翔　路　芳　张纪升　龚　民　李　丁
李宏海　王英平　顾明臣　撒　蕾　蔡　赫　张　晨
文　娟　闫明月　李　琳　冯　晗　高　薪　陈　霖
于海宁　朱明慧　车春江　于　柯　刘淞男　沈　强
王　剑　云　楠　王　胜

目录

第一章 概 述

2014 年是贯彻落实党的十八届三中全会精神、全面深化交通运输改革的启动之年，是完成“十二五”规划目标的关键之年。一年来，交通运输系统坚持稳中求进工作总基调，按照稳增长、促改革、调结构、惠民生、防风险的要求，大力推进综合交通、智慧交通、绿色交通、平安交通建设，不断完善综合交通运输体系，努力做到稳中有为、稳中有进，各项工作取得新的成绩，为全面建成小康社会提供有力支撑和保障。

2014 年，我国干线公路基础设施建设稳步推进，公路网运行管理与服务水平全面提升，全国路网运行状态总体平稳有序，公路应急保障与突发事件应急处置能力大幅提升，以小型客车免费通行实现常态化、高速公路联网不停车收费实现 14 省(市)互联互通和中国高速公路交通广播覆盖京津冀湘 4 省(市)为代表的高速公路联网运行与服务工作取得明显进展。具体主要体现在以下几个方面：

1. 公路基础设施保持平稳发展势头。全国公路通车里程稳步增加，全年新增公路通车里程 107 694 公里，其中新增高速公路 7 498 公里，新增农村公路 96 836 公里。全国公路通车总里程达到 4 463 913 公里，其中高速公路达到 111 936 公里，位居世界第一；二级及以上公路总里程达到 545 649 公里，占总里程比例 12.22%；公路密度达到 46.50 公里/百平方公里。港珠澳大桥、虎门二桥、望东大桥等关键控制性工程取得突破，独龙江公路高黎贡山隧道全线贯通，重点国省干线升级改造步伐加快。

2. 全国干线公路网运行总体平稳有序。2014 年全国干线公路网综合运行指数为 54，同比 2011 年至 2013 年略有下降。干线公路网的技术状况良好，路面综合使用性能指数 PQI❶ 为 84.77，其中，优良路率❷为 74.62%；全国干线公路交通流量继续保持增长势头，年平均日交通量为 15 410pcu/日，同比增长 4.81%。全国高速公路年平均日交通

❶路面综合使用性能指数(PQI)：表征路面性能的综合评价指标。

❷优良路率：《标准》将各种路面使用性能指标评定分为优、良、中、次、差 5 个等级，优良路率指评定为优或良的路段长度占总评定长度的比例(%)。

量为22 021辆，同比增长7.14%。其中，国家高速公路年平均日交通量为23 551辆，同比增长5.46%。全国干线公路网拥挤度为16%，同比下降1个百分点，比上年略有好转。其中，高速公路处于“严重拥堵”状态的里程比例为6.04%；普通公路处于“畅通”和“基本畅通”状态的里程比例为68.00%，“严重拥堵”状态的里程比例为9.36%，与上年基本持平。全国路网阻断事件影响程度进一步加重。全国31个省（区、市）累计报送各类阻断事件19 559起，较2013年同比增长15.45%，累计公路阻断里程约47.56万公里，同比增长16.15%，累计公路阻断持续时间约347.12万小时，同比增长43.27%。

3. 公路养护管理工作进一步取得新成绩。全国公路养护里程达到435.37万公里，同比养护里程增加了10.24万公里，高速公路、普通国省干线公路、农村公路优良路率分别达到99.23%、83.16%和59.73%。总体上，公路技术状况水平显著提升，进一步提升了公路的通行能力和服务水平。继续加强路网结构改造工程，全年改造危桥3 677座/30.96万延米，改造交通安全隐患路段6.56万公里，改造灾害易发路段1 925.94公里。组织开展全国公路隧道安全隐患排查治理专项行动；继续开展国家干线公路网监测工作，对2013年度国家干线路网监测中发现的6条路线、149个路段和10座存在安全隐患的长大桥梁提出整改措施并分级挂牌督办；组织完成24 375公里国道路况检测和40座长大桥梁抽检和巡查工作。

4. 全国干线公路网运行管理工作取得了实质性进展。全国各省（区、市）交通运输主管部门、公路管理机构和高速公路经营单位高度重视路网运行管理工作，在组织机构、运行机制、系统建设以及服务管理等方面取得了重要成绩。交通运输部公路局、路网中心在路网运行监测、出行信息服务、突发事件处置以及联网收费管理等方面，全面开展业务体系建设、信息系统联网、数据资源汇总等方面工作，并指导行业加快形成部省联动、部门协作、协调联控的路网运行管理新格局。截至2014年底，全国共有北京、内蒙古、上海、江苏、安徽、重庆、西藏、陕西、新疆、福建、海南、贵州、青海、宁夏、山东等15省（区、市）正式建立了省级路网运行管理机构，省级路网运行管理机构组建也取得了新的进展。路网运行监测体系建设取得进展，各地交通运输部门依托手机信令、卫星遥感、数据挖掘等技术开展路网运行监测工作，推进路网中心部级平台和省级路网平台建设，高速公路交通量参数监测设施总规模达近1.1万套，平均布设密度为15～20公里/套；视频监测设施（路段沿线）总规模达近3.9万套，平均布设密度为4～6公里/套。此外，各地公路部门与气象部门合作继续深化，公路交通气象观测站网建设布设密度加大。

5. 公路交通突发事件应急处置能力显著提升。全年公路交通重大突发事件应急处置及时有效，未造成路网长时间、大范围阻断。局部地区因地震、泥石流及滑坡等地质灾害和冰冻雨雪、雾霾及台风等恶劣天气影响，造成了较为严重的公路基础设施损坏和交通阻断。全国各省市交通运输部门继续加强公路交通应急处置能力建设，应急处置队伍逐步壮大，应急物资储备中心建设成绩显著。公路交通应急处置信息化水平迅速提升，全国大部分省市已建成监测全面、处置科学的省级公路交通应急指挥平台，高分卫星、无人机等高新技术在应急处置开始推广应用。2014 年度，在部党组的坚强领导和各级交通运输部门共同努力下，成功应对云南鲁甸、普洱及四川甘孜地震，华北地区大范围、持续雾霾，华南、西南地区严重水毁等突发事件；持续推进河南、青海等地的国家级区域交通应急物资储备中心的建设工作；组织编写《公路交通应急工作手册》；协调武警交通指挥部在甘肃省天水市成功举行了 2014 年度公路交通警地联合应急演练。

6. 公众出行服务能力提升明显。以“中国公路出行信息服务网”和地方出行服务网站为平台，全面拓展与中央媒体、地方媒体及交通行业媒体的合作，不断拓宽微博、微信、APP 等新媒体信息发布渠道和服务手段，以互联网、手机、广播等多种创新服务方式，为出行者提供全方位的信息服务，切实提升公路交通便利化水平。中国高速公路交通广播京津冀湘渝示范工程建设，取得了阶段性进展，覆盖北京、天津、河北、湖南部分区域，起到了良好的社会公益效果。截至 2014 年底，全国 31 个省（区、市）省级交通运输部门、公路管理机构和收费公路经营管理单位共计开通省级公路交通网站（网页）115 个，其中 17 个省份开通手机版本出行服务网站（网页）和移动客户端共 33 个；共有 26 个省份开通省级公路出行信息服务微博 59 个，26 个省份开通省级公路出行信息服务微信 45 个；全国共开通省级客服电话号码 80 余个（含 12328）。同时，高速公路服务区运营管理工作进一步加强；交通运输部继续督促各地严格执行鲜活农产品运输“绿色通道”政策，全年“绿色通道”免收通行费 248.4 亿元。

7. 小客车免费通行常态化、规范化运行。2014 年，在部、省交通运输部门有力协调和统筹部署下，全国各级公路部门按照“免费不免责、放行不放假”的总要求，认真总结以往工作经验，提前部署、细化预案、落实责任、强化服务、采取一系列有效措施，确保了重大节假日免费通行期间全国干线公路网的安全畅通与平稳有序运行，重大节假日小客车免费通行工作实现常态化。2014 年春节、清明、劳动节和国庆节四个重大节假日小型客车免费通行期间，全国收费公路交通流量达 59 828.82 万辆，日均达 2 991.44 万辆，免费通行减免通行费 175.8 亿元。

8. 加快公路电子不停车收费系统（ETC）全国联网进程。ETC 联网工作取得重要阶段性成果，北京、天津、河北、山西、辽宁、上海、江苏、浙江、安徽、江西、福建、山东、陕西、湖南等14省(市)ETC已正式联网运行,共建成ETC专用车道6 659条,发展ETC用户909万,行业自营网点718个,合作网点5 504个,用户自助服务终端1.8万台。截至2014年底,全国已有26个省(市)开展了ETC系统建设,建成专用车道7 600余条,为2015年全国ETC联网工作打下了坚实的基础。

第二章 全国干线公路网基础设施运行状况

一、全国公路(网)基础设施基本情况

截至2014年底,全国公路总里程达4 463 913公里,新增107 694公里;公路密度达到46.50公里/百平方公里,上升1.12个基点。近五年的全国公路通车里程及密度情况如图2-1所示。

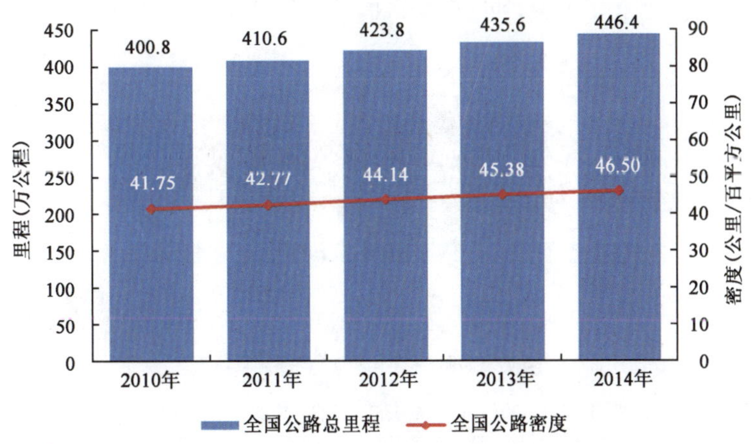

图2-1 2010~2014年全国公路总里程及公路密度

我国公路按照技术等级分,高速公路111 936公里,一级公路85 362公里,二级公路348 351公里,二级及以上公路占总里程的比例为12.22%;按照行政等级分,国道179 178公里,省道322 799公里,县道552 009公里,乡道1 105 056公里,村道2 224 533公里,专用公路80 338公里;按照路面铺装类别分,沥青路面1 212 300公里,水泥混凝土路面1 905 199公里,全国公路路面铺装率为69.84%,提升了1.95个百分点,其中,国省干线铺装率为96.62%,提升了0.32个百分点。具体分别如图2-2~图2-4所示。

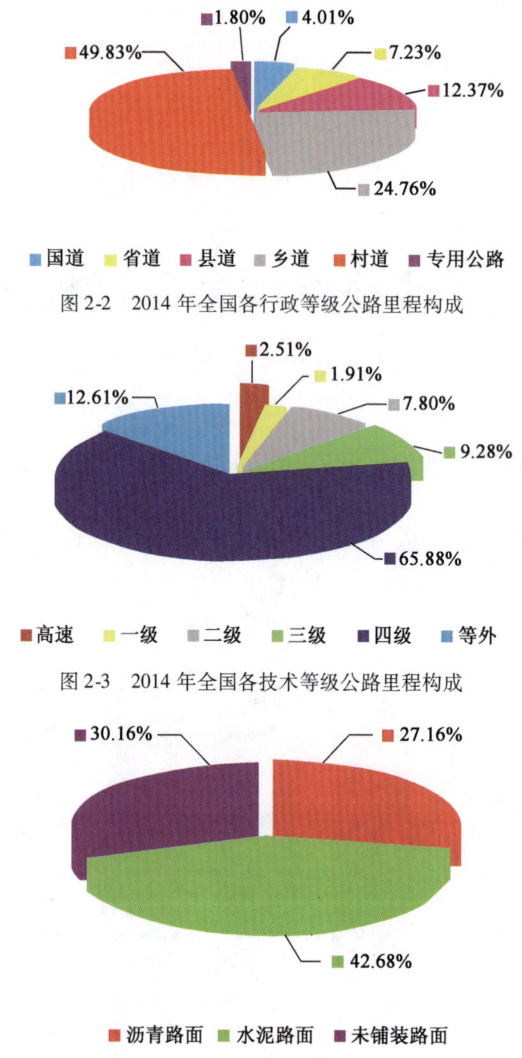

图 2-2　2014 年全国各行政等级公路里程构成

图 2-3　2014 年全国各技术等级公路里程构成

图 2-4　2014 年全国公路路面铺装情况分布构成

截至 2014 年底，全国高速公路里程达 111 936 公里，比上年末增加 7 498 公里。全国已有 22 个省份的高速公路里程在 3 000 公里以上(2005 年底仅有山东、广东 2 省超过 3 000 公里)，分别是：广东(6 266 公里)、河北(5 888 公里)、河南(5 859 公里)、四川(5 506 公里)、湖南(5 493 公里)、山东(5 108 公里)、湖北(5 096 公里)、山西(5 011 公里)、江苏(4 488 公里)、江西(4 484 公里)、陕西(4 466 公里)、新疆(4 316 公里)、内蒙古(4 237 公里)、辽宁(4 172 公里)、黑龙江(4 084 公里)、福建(4 053 公里)、贵州(4 007 公里)、浙江(3 884 公里)、安徽(3 752 公里)、广西(3 722 公里)、甘肃(3 262 公里)、云南(3 255 公里)。近五年全国高速公路通车里程如图 2-5 所示。

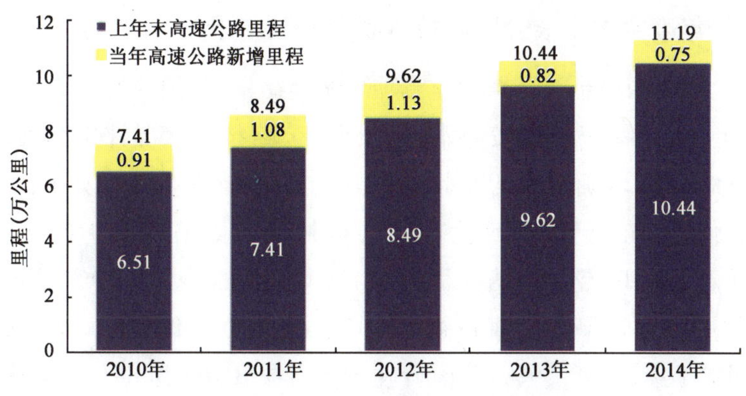

图 2-5　2010～2014 全国高速公路通车里程

截至 2014 年底，全国公路桥梁达 757 130 座、42 578 912 米，比上年末增加 21 839 座、2 800 896米。其中，特大桥梁 3 404 座、6 105 368 米，大桥 72 979 座、18 630 093 米。全国公路隧道为 12 404 座、10 756 687 米，比上年末增加 1 045 座、1 151 094 米。其中，特长隧道 626 座、2 766 209 米，长隧道 2 623 座、4 475 402 米。具体分别如图 2-6、图 2-7 所示。

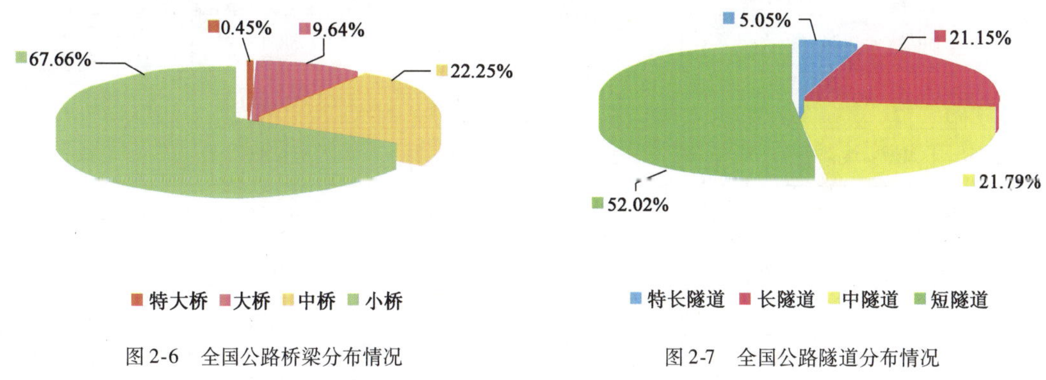

图 2-6　全国公路桥梁分布情况

图 2-7　全国公路隧道分布情况

截至 2014 年底，全国公路养护里程达 4 353 770 公里，占公路总里程的 97.53%，比上年末降低了 0.06 个百分点。全国公路绿化里程 2 387 832 公里，占公路总里程的 62.36%，比上年末提高 0.76 个百分点。

二、2014 年全国干线公路网技术状况检测分析

为了准确掌握国家干线公路网的路况水平，切实加强公路和桥梁的安全监管，交通运输部自 2011 年起每年组织开展年度国家干线公路网技术状况监测工作。2014 年，通过对 24 375 公里普通国道、7 380 公里普通国道途经路段的路况检测与评定，基本掌握了全国普通国道的技术状况，具体情况如下。

(一)2014 年度全国干线公路网技术状况检测结果

根据2014年度国家干线公路网监测项目实施结果,全国抽检的24 375公里普通国道的路况平均水平总体仍保持较好水平,根据《公路技术状况评定标准》(JTG H20—2007,以下简称《标准》)确定为良等水平。具体技术状态参数指标如下:

路面综合使用性能指数PQI❸为84.77,其中,优良路率❹为74.62%,次差路率❺为11.14%;路面破损率DR❻中沥青路面为4.11%,水泥路面为6.79%;路面平整度IRI❼为2.71m/km(每公里颠簸累计值);路面损坏状况指数PCI❽为82.19,其中,优良路率为66.27%,次差路率为18.59%;路面行驶质量指数RQI❾为88.63,其中,优良路率为88.55%,次差路率为4.78%,具体详见表2-1、表2-2。

2014 年普通国道路面技术状况汇总表 表2-1

检测及评价指标	指标值	等级	优良路率(%)	次差路率(%)
DR(%)	4.47	良	66.27	18.59
DR(%)(沥青路面)	4.11	良	68.75	17.22
DR%(水泥路面)	6.79	良	58.16	23.06
PCI	82.19	良	66.27	18.59
IRI(m/km)	2.71	良	88.55	4.78
IRI(m/km)(一级路)	2.38	良	83.31	5.61
IRI(m/km)(二、三、四级路)	2.82	良	90.3	4.51
RQI	88.63	良	88.55	4.78
PQI	84.77	良	74.62	11.14

❸路面综合使用性能指数(PQI):表征路面性能的综合评价指标。

❹优良路率:《标准》将各种路面使用性能指标评定分为优、良、中、次、差5个等级,优良路率指评定为优或良的路段长度占总评定长度的比例(%)。

❺次差路率:《标准》将各种路面使用性能指标评定分为优、良、中、次、差5个等级,次差路率指评定为次或差的路段长度占总评定长度的比例(%)。

❻路面破损率(DR):表征路面损坏程度的一种路面使用性能指标,为路面各种损坏的折合算坏面积之和与路面调查面积的百分比(%)。

❼路面平整度(IRI):国际平整度指数,表征路面凹凸不平现象的路面使用性能指标,指标准车身悬架颠簸总位移(m)与行驶距离(km)之比。

❽路面损坏状况指数(PCI):由路面破损率DR按《标准》中规定公式计算得出。

❾路面行驶质量指数(RQI):有国际平整度IRI按《标准》中规定公式计算得出。

2014 年全国路况检测评定结果 表 2-2

序号	省 份	PQI	分 项 指 标		优良路率（%）	次差路率（%）	评定里程（km）
			PCI	RQI			
1	北京	95.63	96.46	94.38	100	0	180
2	河北	88.06	85.16	92.42	85.73	5.21	1 300
3	山西	85.96	82.46	91.21	81.26	6.73	1 300
4	内蒙古	80.54	74.06	90.26	62.26	14.93	1 600
5	辽宁	96.4	97.3	95.05	100	0	389
6	吉林	91.44	90.17	93.33	97.65	0.39	255
7	黑龙江	79.66	75.14	86.42	57.54	16.88	1 178
8	江苏	95.19	96.15	93.76	100	0	362
9	浙江	85.94	86.44	85.17	83.6	5.46	790
10	安徽	87.33	84.76	91.19	80.38	4.98	402
11	福建	85.67	84.23	87.82	77.29	3.9	412
12	江西	85.04	82.81	88.4	75.17	5.88	1 209
13	山东	94.39	94.6	94.08	99.19	0.04	550
14	河南	80	76.15	85.77	59.22	22.46	980
15	湖北	82.36	81.2	84.09	62.84	19.14	315
16	湖南	83.76	83.88	83.57	73.07	13.66	1 280
17	广东	80.89	78.57	84.37	59.3	16.76	1 210
18	广西	85.1	84.28	86.33	76.44	11.13	1 170
19	重庆	93.83	94.44	92.91	98.61	0.87	115
20	四川	81.14	76.46	88.16	58.06	21.21	1 354
21	贵州	69.55	67.52	72.59	53.4	34.97	475
22	云南	87.22	87.2	87.25	81.21	8.61	1 600
23	陕西	89.18	87.81	91.23	92.6	1.13	714
24	甘肃	90.75	89.4	92.78	93.27	1.61	1 300
25	青海	84.65	81.55	89.3	74.45	10.53	1 014
26	新疆	81.04	73.8	91.9	63.05	19.57	1 546
全国均值		84.77	82.19	88.63	74.62	11.14	23 000
27	西藏	82.55	76.34	91.86	64.03	5.24	1375

注:1.2014 年未对天津、上海、海南、宁夏等四省(区、市)进行路况抽检,上述四省(区、市)2013 年在全国 30 个省(除西藏)路况检测结果排名中分别为第 6、7、5、24 位。

2.2014 年新增对西藏自治区的普通国道技术状况抽检,抽检里程 1 375 公里。

3.西藏自治区的路况检测结果暂不纳入全国均值统计。

(二)2014 年度全国干线公路网技术状况特征分析

根据 2014 年度普通国道技术状况检测情况看,其结果呈现以下三方面特征:

1. 东、西、中部地区路况水平依次降低,且东、西部各省(区、市)路况水平两极分化,中部各省路况水平差异较小。从全国范围来看,东、西、中部地区路面使用性能指数(PQI)均值分别为 87.93、83.99 和 83.59,东部地区路况水平依然保持最好,中、西部地区路况水平接近,本年度西部稍好于中部,一改以往路况水平呈东、中、西部依次降低的趋势。东、西、中部地区路况水平如图 2-8 所示。

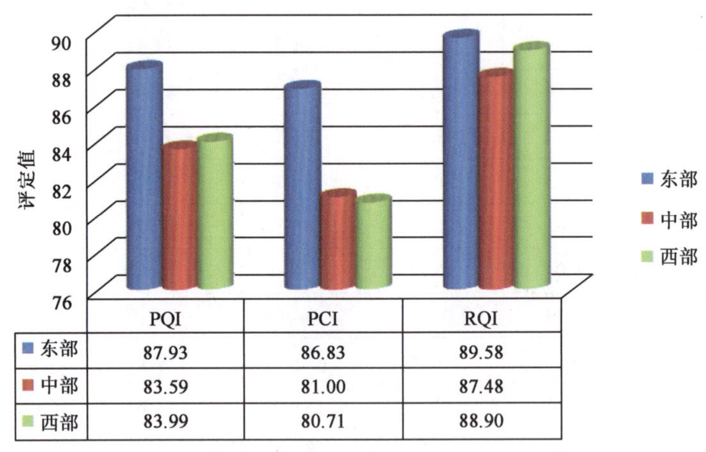

	PQI	PCI	RQI
东部	87.93	86.83	89.58
中部	83.59	81.00	87.48
西部	83.99	80.71	88.90

图 2-8　2014 年度东、西、中部地区路况水平对比

从区域内来看,东、西部各省(区、市)路况水平呈现两极分化趋势,东、西部路况最好省份与最差省份路面使用性能指数(PQI)相差分别达到 15.51 和 24.28,中部各省路况水平比较接近,且大多处于良等水平,2014 年度东、中、西部地区路况水平(PQI)差别对比如图 2-9 所示。

2. 路况水平随公路等级降低而下降的基本态势未发生变化,但不同等级公路路况水平差距进一步缩小。2014 年路况检测数据显示,一、二、三、四级公路的 PQI 均值分别为 84.90、85.18、82.90 和 85.60,均为良等水平。与 2013 年度相比,在保持路况水平随技术等级降低而下降基本态势不变的前提下,不同技术等级公路间路况水平的差距进一步缩小。2013、2014 年度全国不同公路等级路况水平对比如图 2-10 所示。

其中,一级公路路况水平下降明显,PQI 值由 2013 年的 89.65 下降为 84.90,主要原因是广东、四川和湖南的一级公路路况水平有明显下降,详细数据见表 2-3;四级公路路况水平提升显著,主要原因是安徽、陕西四级公路路况水平较好,且云南、四川的四级公路路况水平有大幅提升,但湖南四级公路路况水平有大幅下降,详细数据见表 2-4。

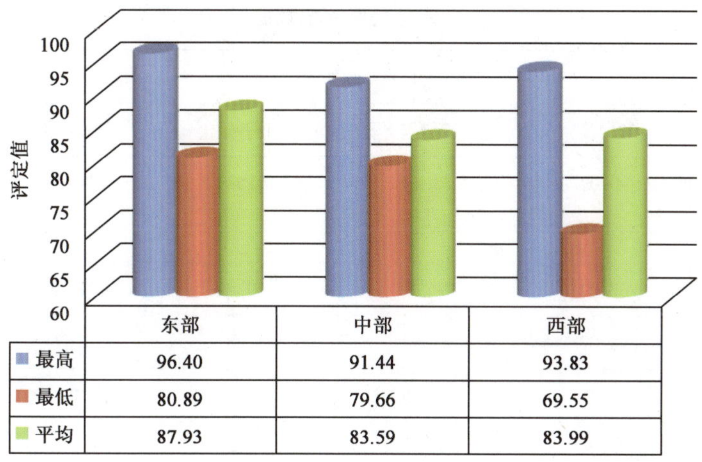

图 2-9　2014 年度东、中、西部地区路况水平(PQI)差别对比

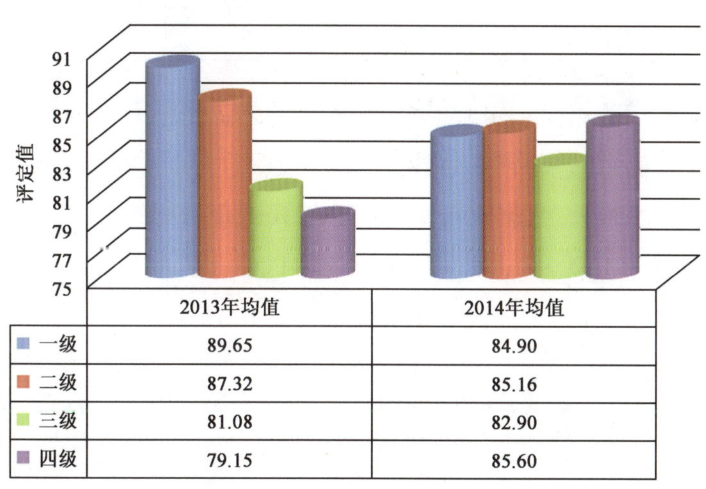

图 2-10　2013、2014 年度全国不同公路等级路况水平对比

一级公路路况明显下降省份数据　　表 2-3

省　份	PQI			评定里程(km)	
	2014 年	2013 年	2014 年变化	2014 年	2013 年
广东	79.41	87.49	-8.08	896	434
四川	78.15	94.58	-16.43	185.679	31.429
湖南	77.05	92.59	-15.54	95.526	50.839

四级公路路况数据

表 2-4

省　份	PQI			评定里程(km)	
	2014 年	2013 年	2014 年变化	2014 年	2013 年
云南	90.02	72.44	17.58	270.03	146.25
安徽	84.52	—	—	51.869	—
湖南	67.02	96.5	-29.48	79.13	85.274
四川	98.07	63.59	34.48	20.674	90.717
甘肃	93.2	59.35	33.85	1.001	3.744
广东	88.8	88.56	0.24	5	44.901
陕西	88.67	—	—	23.82	—
黑龙江	82.5	85.59	-3.09	9.286	91.633
合计	85.57	79.17	6.4	460.81	462.519

3. 同一路线沿线各省(区、市)路况水平差异较大。根据对抽检路线长度超过 1 000 公里或者横穿 3 省以上的长路线的路况水平进行统计分析,可得出同一路线在沿线各省的路况水平差异性很大,数据较真实地反映了我国普通干线公路的管养现状。例如,G207 在广西境内 PQI 值为 93.31,而其在河南段 PQI 值仅为 75.26,差值达到 18.05。部分抽检长路线各省(区、市)的路况水平分布如图 2-11 所示。

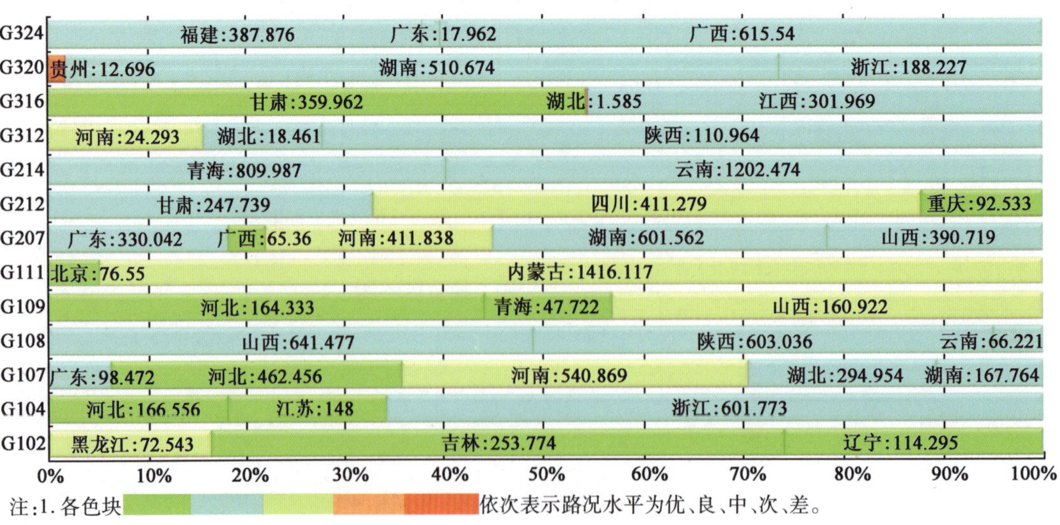

2. 表中省份后面数字表示该省所辖路线本次检测里程,单位为 km。

图 2-11　部分抽检长路线各省(区、市)的路况水平分布

4. 西藏路况水平处于全国中等偏下。本次西藏补充检测 G219，检测里程为 1 375km，路面使用性能指数（PQI）平均值为 82.55，优良路率为 64.03%，次差路率为 5.24%。与本年度其他省份路况排名相比，西藏在全国排名第 19 位，西部排名第 7 位。西藏和全国平均的路况水平对比如图 2-12 所示。

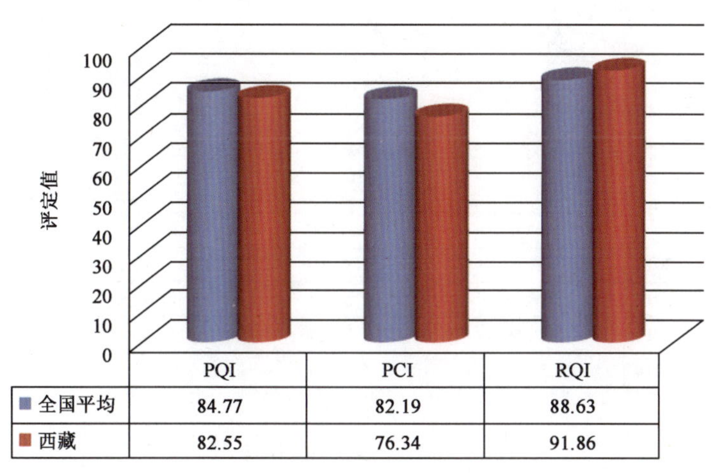

	PQI	PCI	RQI
全国平均	84.77	82.19	88.63
西藏	82.55	76.34	91.86

图 2-12 西藏和全国平均的路况水平对比

（三）2011～2014 年度全国干线公路网技术状况分析

1. 总体路况水平逐年下降，2011～2014 年期间呈现两次明显下降，分别为 2011～2012 年和 2013～2014 年，其中第二次下降幅度小于第一次下降幅度。2014 年普通国道路况水平同前三年检测结果相比有一定幅度的下降。其中，2014 年路面使用性能指数 PQI 为 84.77，相比 2013、2012、2011 年分别下降 1.92（下降比例为 2.21%）、2.06（下降比例为 2.37%）、7.3（下降比例为 7.93%）；路面损坏指数 PCI 为 82.19，相比 2013、2012、2011 年分别下降 3.15（下降比例为 3.69%）、3.42（下降比例为 3.99%）、10（下降比例为 10.85%）；路面行驶质量指数 RQI 为 88.63，相比 2013、2012、2011 年分别下降 0.08（下降比例为 0.09%）、0.04（下降比例为 0.05%）、3.25（下降比例为 3.54%）。2011～2014 年度所抽检的普通国道路况水平对比如图 2-13 所示。

2. 东、中、西部地区路况水平逐年下降，其中东部地区 2013 年路况较 2012 年略有提升，但仍低于 2011 年国检水平，中、西部地区路况则呈逐年下降趋势。与 2011 年路况相比，东部地区 2012～2014 年 PQI 均值分别下降 3.59、2.23、6.00，2014 年抽检路段路面使用性能指数（PQI）均值为 87.93（达良等水平），路况评定等级继 2011～2013 年连续三年保持为优等后首次下降为良等。中部地区 2011～2014 年 PQI 分别为 92.31、86.62、85.60、83.59，西部地区 2011～2014 年 PQI 分别为 90.47、84.71、84.67、83.99，中、西部地区继2011年评定等级均为优等后，2012～2014年三年评定等级均为良等，路况水平呈下降趋势。2011～2014年度东、中、西部地区路况水平PQI值对比如图2-14所示。

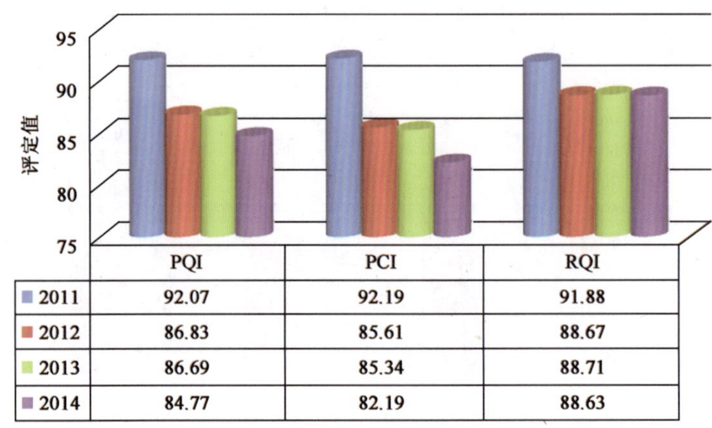

	PQI	PCI	RQI
2011	92.07	92.19	91.88
2012	86.83	85.61	88.67
2013	86.69	85.34	88.71
2014	84.77	82.19	88.63

图2-13　2011～2014年度路况水平对比

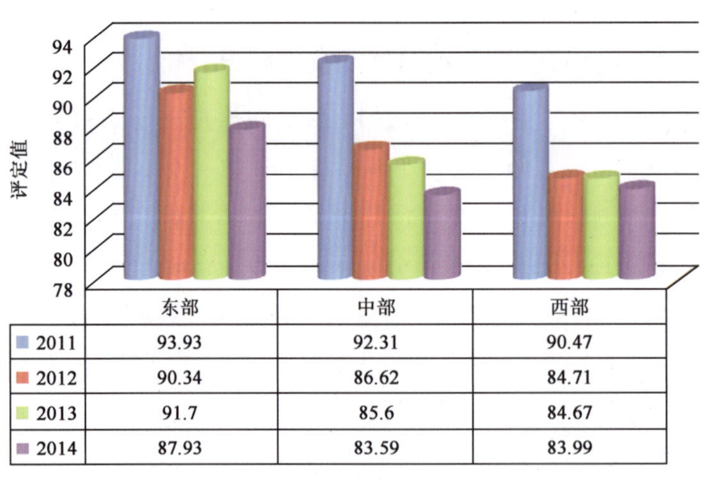

	东部	中部	西部
2011	93.93	92.31	90.47
2012	90.34	86.62	84.71
2013	91.7	85.6	84.67
2014	87.93	83.59	83.99

图2-14　2011～2014年度东、中、西部地区路况水平对比

3.路况水平随道路技术等级变化明显，其中一级、二级公路变化趋势相同，仅2013年较2012年稍有提升，但仍低于2011年；三级、四级公路变化趋势相同，仅2014年较2013年稍有提升，同样仍低于2011年。2011～2014年路况水平整体呈现出随技术等级降低而下降的趋势，但2011年二级公路路况则优于一级公路，而2014年则是四级公路路况水平最优，二级次之，一级公路路况则只优于三级公路。具体如图2-15所示。

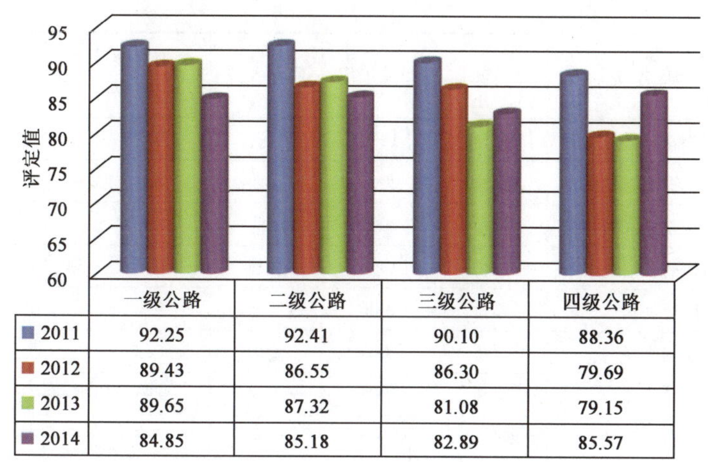

	一级公路	二级公路	三级公路	四级公路
2011	92.25	92.41	90.10	88.36
2012	89.43	86.55	86.30	79.69
2013	89.65	87.32	81.08	79.15
2014	84.85	85.18	82.89	85.57

图 2-15　2011～2014 年度不同等级公路路况水平对比

三、2014 年重点桥梁监测结果及特征分析

2014 年交通运输部继续对“十二五”重点桥梁监测库抽取 40 座桥梁进行了技术与安全状况抽检和巡查。这 40 座桥梁分布在全国 25 个省（区、市），按结构类型分，悬索桥 2 座、斜拉桥 6 座、预应力混凝土梁（刚构）桥 20 座、拱桥 12 座；按桥梁建设年代分，桥龄 15 年及以上的 13 座、桥龄 10～15 年的 18 座、桥龄 5～10 年的 8 座，桥龄小于 5 年的 1 座。

（一）2014 年重点监测桥梁技术状况监测结果

根据 2014 年度重点监测 40 座桥梁养管单位的末次定期检查评定结果，共有一类桥 5 座（占 5%），二类桥 27 座（占 60%），三类桥 8 座（占 30%）。经本次监测确认，一类桥 3 座，二类桥 30 座（占 55%），三类桥 7 座（占 37.5%）。2014 年度重点桥梁监测结果见表 2-5，共计 11 座桥梁（占 25%）养管单位评定结果与本次监测结论不一致。其中，5 座桥梁评定等级比养管单位评定较好，6 座桥梁评定等级比养管单位评定较差。

2014 年度重点监测桥梁技术状况评价表　　表 2-5

序号	桥 梁 名 称	桥型	建成年代	所在省份	养护管理规范化评分	末次评级	2014 年度监测结果
1	红枫湖大桥	斜拉桥	2004	贵州	88	三类	评价为二类
2	两河口大桥	拱桥	2004	重庆	91	三类	评价为二类
3	龙江大桥	拱桥	1998	广西	93	三类	评价为二类

续上表

序号	桥 梁 名 称	桥型	建成年代	所在省份	养护管理规范化评分	末次评级	2014 年度监测结果
4	佳木斯松花江公路大桥	梁桥	1989	黑龙江	91	三类	评价为二类
5	沙嘴头大桥	梁桥	2004	江西	82	二类	评价为三类
6	京珠汉江大桥	梁桥	2001	湖北	82	二类	评价为三类
7	富锋特大桥	梁桥	1999	吉林	69.5	二类	评价为三类
8	南运河桥	梁桥	2006	河北	93	二类	评价为一类
9	浍河大桥	梁桥	2007	安徽	90.5	一类	评价为二类
10	子牙河桥	梁桥	2005	天津	89	一类	评价为二类
11	利津黄河大桥	斜拉桥	2001	山东	82.5	一类	评价为二类
12	松浦大桥	梁桥	1976	上海	86.5	三类	评价为三类
13	渭河特大桥	梁桥	2003	陕西	90.5	三类	评价为三类
14	落脚河大桥	悬索桥	2001	贵州	80	三类	评价为三类
15	能滩大桥	拱桥	1970	湖南	87	三类	评价为三类
16	仙人渡汉江特大桥	梁桥	2003	湖北	86	二类	评价为二类
17	界牌信江大桥	梁桥	2005	江西	89.5	二类	评价为二类
18	红河大桥	梁桥	2003	云南	89	二类	评价为二类
19	丹东大洋河桥	梁桥	1995	辽宁	89	二类	评价为二类
20	官厅湖特大桥	梁桥	2002	河北	90	二类	评价为二类
21	南京二桥北汊大桥	梁桥	2001	江苏	92	二类	评价为二类
22	通榆河大桥	梁桥	2010	江苏	88	二类	评价为二类
23	岭脚大桥	梁桥	2004	安徽	81	二类	评价为二类
24	石家庄大桥	梁桥	1999	陕西	88	二类	评价为二类
25	石村沟特大桥	梁桥	2003	山西	93	二类	评价为二类
26	关头坝大桥	悬索桥	1988	甘肃	85.5	二类	评价为二类
27	滨州黄河大桥	斜拉桥	2004	山东	91	二类	评价为二类
28	三水大桥	斜拉桥	1995	广东	76	二类	评价为二类
29	九江大桥	斜拉桥	1985	广东	87	二类	评价为二类
30	许沟特大桥	拱桥	2001	河南	83	二类	评价为二类
31	黄河二桥	拱桥	2004	河南	85	二类	评价为二类
32	肖家坝大桥	拱桥	1997	四川	86	二类	评价为二类
33	龙洞背大桥	拱桥	1997	四川	86	二类	评价为二类
34	文星湾大桥	拱桥	1990	重庆	92	二类	评价为二类
35	安江大桥	拱桥	1989	湖南	88	二类	评价为二类

续上表

序号	桥 梁 名 称	桥型	建成年代	所在省份	养护管理规范化评分	末次评级	2014 年度监测结果
36	磨东大桥	拱桥	1999	广西	94	二类	评价为二类
37	溪柄大桥	拱桥	2001	福建	91	二类	评价为二类
38	金溪大桥	拱桥	1997	福建	90	二类	评价为二类
39	杭州湾跨海大桥	斜拉桥	2008	浙江	94	一类	评价为一类
40	稻香湖桥	梁桥	2005	北京	94	一类	评价为一类

(二)2014 年度重点监测桥梁技术状况和管养特征分析

通过对 2014 年度 40 座重点监测桥梁的技术状况和养护管理情况分析,结果呈以下特征:

1. 桥梁技术状况总体良好。2014 年度重点监测 40 座桥梁中,其技术状况为一、二类桥梁共 33 座(占 82.5%),三类桥梁共 7 座(占 17.5%),无四、五类桥,较 2012 年度、2013 年度情况逐年向好,且首次在部重点监测桥梁中无四、五类桥梁,如图 2-16 所示。

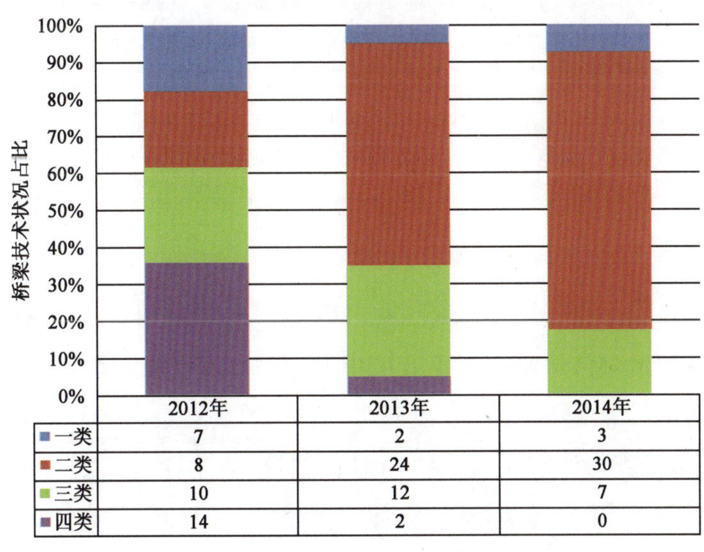

图 2-16 2014 年度 40 座长大桥梁技术状况统计

2. 不同区域桥梁技术状况存在一定差异,东部最好,西部次之,中部最差。按区域分,本次所抽检的 40 座桥梁中,共认定一类桥 3 座,全部位于东部地区,占其抽检桥梁总数(17 座)的 17.6%,且东部二类桥和三类桥的占比分别为 76.5% 和 5.9%;在西部地区抽检的 10 座桥梁中,二类桥占 80.0%,三类桥占 20.0%;而在中部地区抽检的 13 座桥梁中,二类桥占 69.2%,三类桥占 30.8%,如图 2-17 所示。

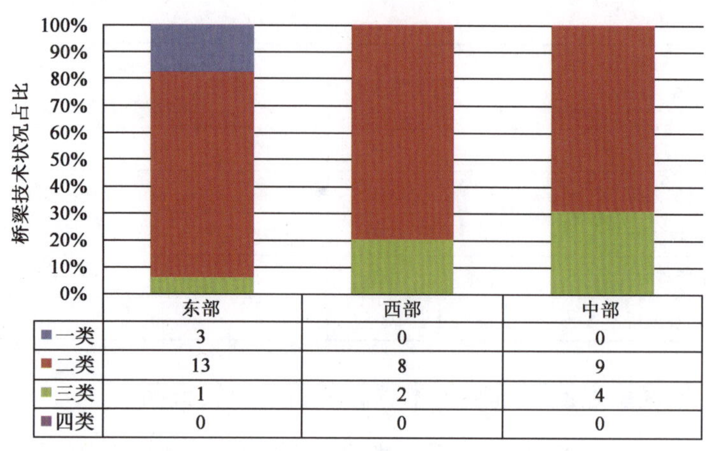

图 2-17　2014 年度东、中、西部地区桥梁技术状况统计

3. 收费公路的桥梁技术状况水平明显好于非收费公路的桥梁。2014 年度重点监测 40 座桥梁中，属于收费公路的桥梁共 25 座，其中一、二类桥梁 22 座（占 88%），三类桥梁 3 座（占 12%）；属于非收费公路的桥梁共 15 座，其中一、二类桥梁 11 座（占 73.33%），三类桥梁 4 座（占 26.67%）。详细数据如表 2-6 所示。

2014 年度属不同收费性质公路的桥梁技术状况水平统计表　　表 2-6

桥梁技术状况	收　费		非收费	
	座	比例(%)	座	比例(%)
一类	3	12	0	0
二类	19	76	11	73.33
三类	3	12	4	26.67
小计	25	100	15	100

4. 桥梁养管单位规范化管理水平有所提升，且非收费管理模式桥梁的规范化管理显著趋好。2014 年本次监测，根据制度建设、管理责任落实、专业化管理、营运条件、技术资料管理、桥梁检查与评定、功能维持和加固改造、应急管理、信息化管理与养护技术应用等方面进行桥梁养护与运营安全管理规范化评分，40 座桥梁中，评分结果大于 85 分的为 32 座，占 80%，同比 2013 年度提升 12.50%，如图 2-18 所示。其中，25 座经营性桥梁评分大于 85 分的为 19 座，占 76%，同比降低 8%；15 座非经营性桥梁评分大于 85 分的为 13 座，占 86.70%，同比提升 46.70%。

5. 桥梁检查与评定执行情况良好，但存在桥梁检查与评定内容和深度不规范、水下基础检测缺少等薄弱环节。抽检的 40 座长大桥梁中，按《公路桥涵养护规范》（JTG H11—2004）要求开展经常性检查、定期检查、特殊检查的桥梁分别为 40 座、40 座和 34 座，占比分别为 100%、100% 和 85%，但桥梁定期检查的规范化程度较差，有 11 座（占 27.50%）桥梁的定期报告内容或深度不满足规范要求，不能准确地掌握桥梁关键缺陷并进行技术状况评定；水下基础检测开展情况较差，需做水下基础检测的 17 座桥梁中，只有 3 座桥梁开展过此项工作，如图 2-19 所示。

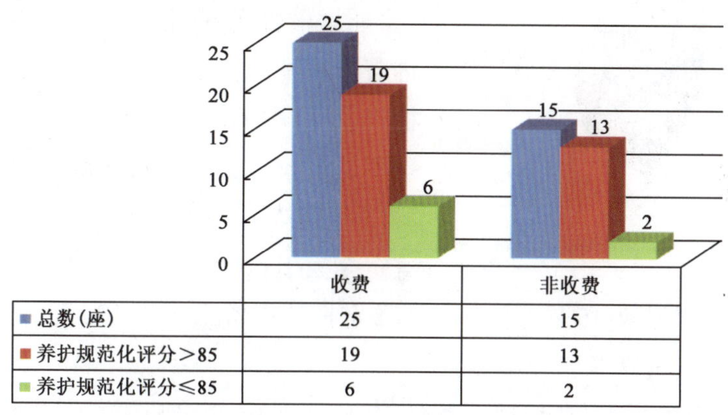

图 2-18 2014 年度长大桥梁养护管理规范化评分情况

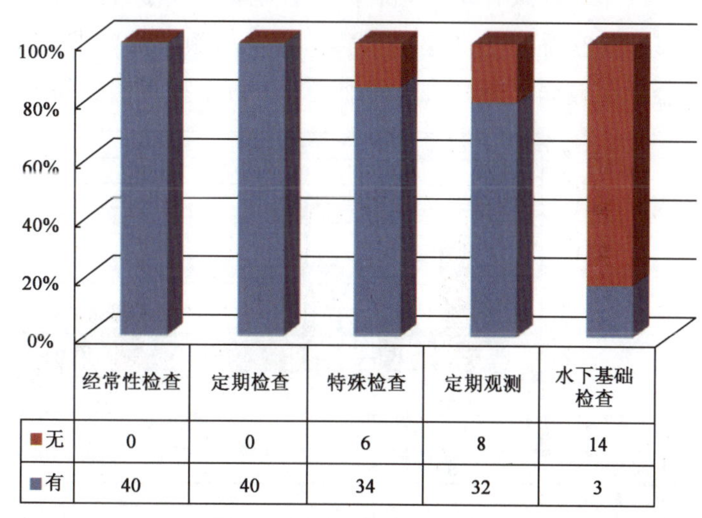

图 2-19 桥梁检查情况汇总

6. 应急处置方面总体情况良好，桥梁信息化管理应用缺乏实效性，桥梁安全区管理仍较为滞后。抽检的 40 座桥梁中，均进行了应急预案编制，有 33 座桥梁养管部门组织了人员培训和演练，较 2011～2013 年有明显进步；有 12 座建立了电子档案管理系统；38 座应用了桥梁养护管理系统，存在系统数据更新不及时现象；有 7 座桥梁建立了健康监测系统，但未能充分发挥指导桥梁养护管理工作的作用。桥梁安全保护区管理仍是薄弱环节，安全区虽有 39 座桥梁已设定，但其中 6 座桥梁存在安全保护区内有堆放易燃易爆物品、违规建厂占地经营及采砂现象等安全隐患。

7. 桥梁养护资金投入仍然不足，资金保障制度落实不到位，且养护资金投入区域分布不均衡，东部最高，西部次之，中部最低。所抽检的40座桥梁中，18座桥梁养护资金总额大于240元/延米，占45%（图2-20），满足《交通运输部关于进一步加强公路桥梁养护管理若干意见》（交公路发〔2013〕321号）中“经常检查、小修保养和定期检查资金每年每延米分别不低于60元、80元和100元”的要求，比例与2013年度持平。其中，14座（占35%）经常性检查资金大于60元/延米；22座（占55%）小修保养资金大于80元/延米；15座（占37.50%）定期检查资金大于100元/延米。经常性检查和定期检查资金明显不足。

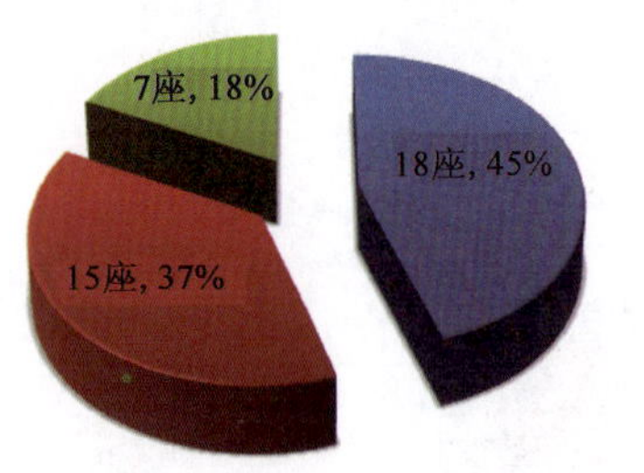

图2-20　40座长大桥梁养护资金总额统计

本次所检40座桥中，东部地区共计17座桥梁中，10座桥梁养护资金总额满足要求，占其58.82%；西部地区共计10座桥梁中，5座桥梁养护资金总额满足要求，占其50%；中部地区共计13座桥梁中，3座桥梁养护资金总额满足要求，占其23.07%，中部地区桥梁养护资金保障较弱。东、中、西部地区养护资金投入情况如图2-21所示。

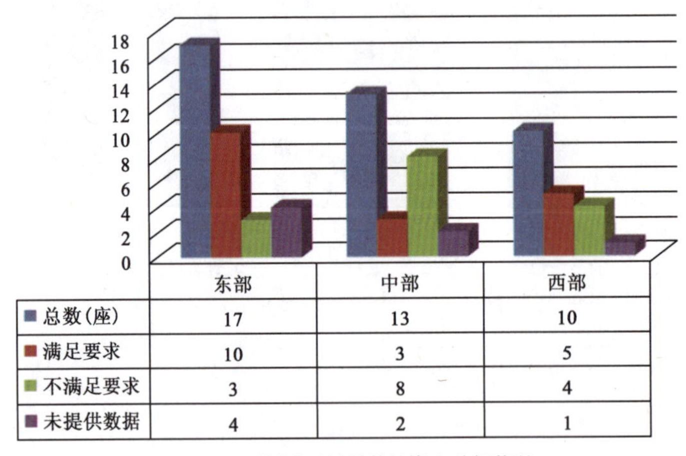

	东部	中部	西部
总数(座)	17	13	10
满足要求	10	3	5
不满足要求	3	8	4
未提供数据	4	2	1

图2-21　不同片区桥梁养护资金总额状况

（三）2011～2014年重点监测桥梁技术状况和管养特征分析

根据2011～2014年度所抽检的160座重点监测桥梁的技术状况和养护管理情况分析，结果呈以下特征：

1. 东中西部地区桥梁技术状况呈依次递减趋势，东部最好，中部次之，西部明显偏低。2011～2014年度重点监测160座桥梁中，东部地区桥梁共60座，其中，一、二类桥梁48座(占80%),分布在一～三类的共58座(占96.67%),另有四类桥2座;中部地区桥梁共45座,其中一、二类桥梁28座(占62.23%),分布在一～三类的共41座(占91.12%),另有四类桥2座和未评定桥梁2座;西部地区桥梁共55座,其中一、二类桥梁32座(占58.18%),分布在一～三类的共47座(占85.45%),另有四类桥7座和未评定桥梁1座。详细数据如表2-7所示。

2012～2014年度东、中、西部地区桥梁技术状况水平统计表 表2-7

桥梁技术状况	东部		中部		西部	
	座	比例(%)	座	比例(%)	座	比例(%)
一类	12	20	5	11.11	3	5.45
二类	36	60	23	51.12	29	52.73
三类	10	16.67	13	28.89	15	27.27
四类	2	3.33	2	4.44	7	12.73
未评定	0	0	2	4.44	1	1.82
合计	60	100	45	100	55	100

2. 收费公路的桥梁技术状况水平明显好于非收费公路的桥梁。2011～2014年度重点监测160座桥梁中,属于收费公路的桥梁共89座,其中,一、二类桥梁69座(占73.44%),分布在一～三类的共87座(占97.75%),另有未评定桥梁2座,没有四类桥;属于非收费公路的桥梁共71座,其中一、二类桥梁29座(占54.93%),分布在一～三类的共59座(占83.10%),另有未评定桥梁1座,四类桥共11座。详细数据如表2-8所示。

2012～2014年度属不同收费性质公路的桥梁技术状况水平统计 表2-8

桥梁技术状况	收费		非收费	
	座	比例(%)	座	比例(%)
一类	16	17.98	4	5.63
二类	53	59.55	35	49.30
三类	18	20.22	20	28.17
四类	0	0	11	15.49
未评定	2	2.25	1	1.41
小计	89	100	71	100

3. 桥梁养护管理水平逐步提高,需增强桥梁养护队伍素质及稳定性。通过2011～2014年部分养护管理工作抽查情况汇总分析,桥梁养管单位在桥梁检查与评定、人员培训及演练、桥梁管理信息化建设等方面规范化管理水平逐步提高,但桥梁养护工程师人员少,专业水平总体偏低,基层桥梁养护工程师责任大、待遇低、流动性大等问题仍普遍

存在。2011～2014年度部分桥梁养护管理工作落实情况对比如图2-22所示。

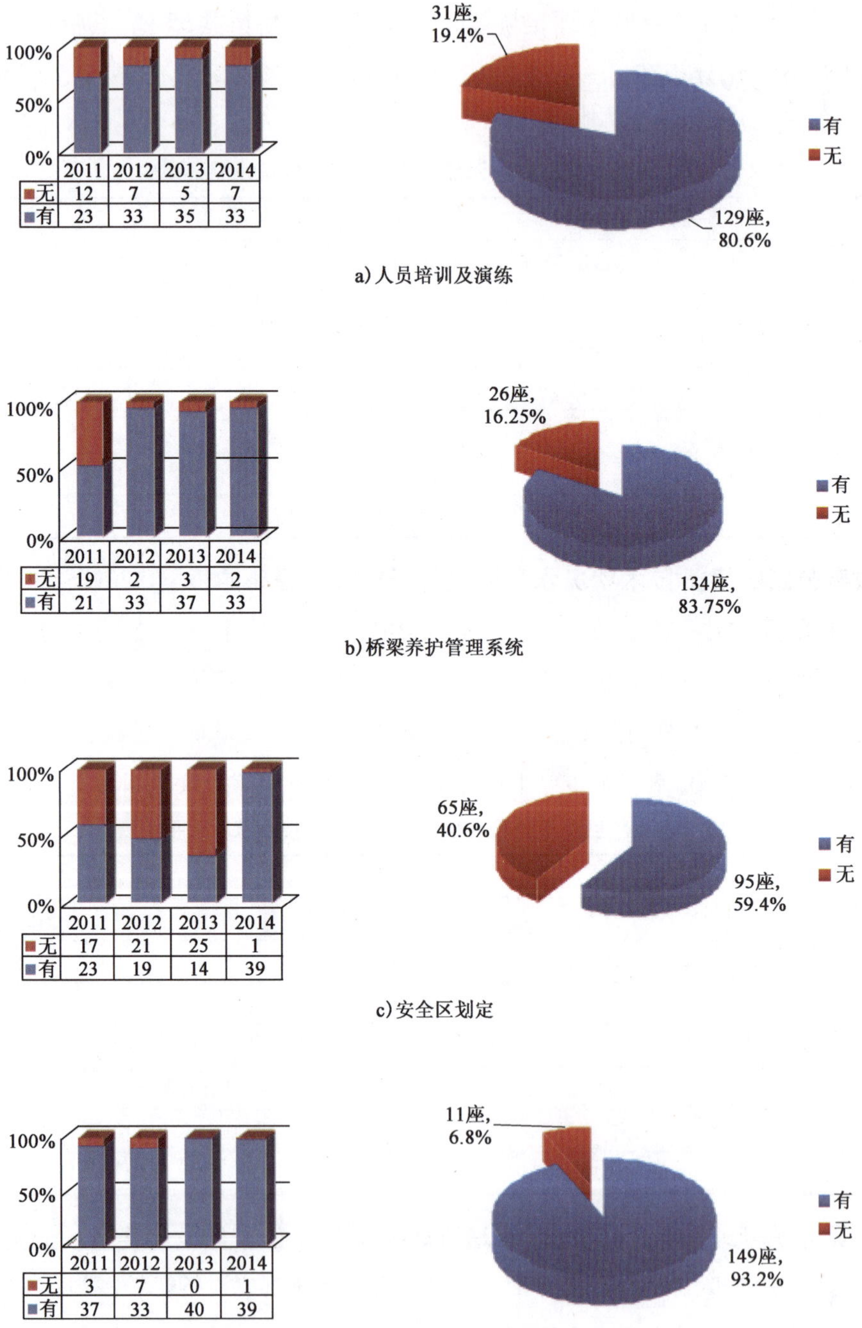

图2-22　2011～2014年度部分桥梁养护管理工作落实情况对比

4. 部分桥梁超限超载形势严峻。2014 年度抽检的 40 座桥梁平均交通流量约为 25 000pcu/日，较 2011 年 17 000pcu/日、2012 年 22 000pcu/日、2013 年 24 000pcu/日，呈逐年递增趋势，桥梁超负荷运行现象较为普遍。其中，2014 年有 2 座大桥（北京稻香湖桥、贵州落脚河大桥）严重违法超载率均高于 30%，2013 年有 5 座大桥严重违法超载率均高于 10%，2012 年有 4 座大桥严重违法超载率均高于 5%，违法超限超载车辆上路上桥形势依然严峻。

四、全国干线公路网主要监测病害分析

根据 2014 年度干线公路网监测结果，干线公路网主要病害特征具体分析如下。

（一）路面主要病害分析

根据 2011 ~ 2014 年路网监测所抽检的 9.34 万公里普通国道路况数据，分别从沥青路面和水泥路面两个角度对路面主要病害的分布及变化规律做出分析，结论如下：

1. 沥青路面最主要病害是龟裂，占比接近一半。2011 ~ 2014 年抽检普通国道中，沥青路面 76 160km，占全部抽检里程的 81.54%。其中龟裂占比最大，占全国沥青路面损坏的 46.46%；横向裂缝和纵向裂缝次之，分别占全国沥青路面损坏的 24.60% 和 24.25%；修补及其他病害占比较小，占比 4.69%，如图 2-23 所示。

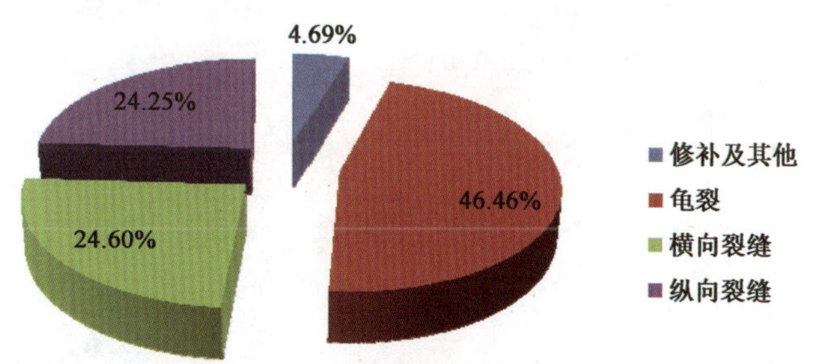

图 2-23 全国普通干线国道沥青路面病害分布图

将沥青路面龟裂病害数量分为四个等级：轻（0 ~ 10m²/km）、中（10 ~ 20m²/km）、重（20 ~ 40m²/km）和特重（≥40m²/km）。其中，贵州、内蒙古、甘肃、黑龙江、新疆、四川龟裂病害较多，为特重级。全国各省沥青路面龟裂病害分布如图 2-24 所示。

将沥青路面横向裂缝病害数量分为四个等级：轻（0 ~ 10 条/km）、中（10 ~ 20 条/km）、重（20 ~ 40 条/km）和特重（≥40 条/km）。其中，内蒙古、宁夏、新疆、甘肃、黑龙江、河南、青海横向裂缝病害较多，为特重级。全国各省沥青路面横向裂缝病害分布如图 2-25 所示。

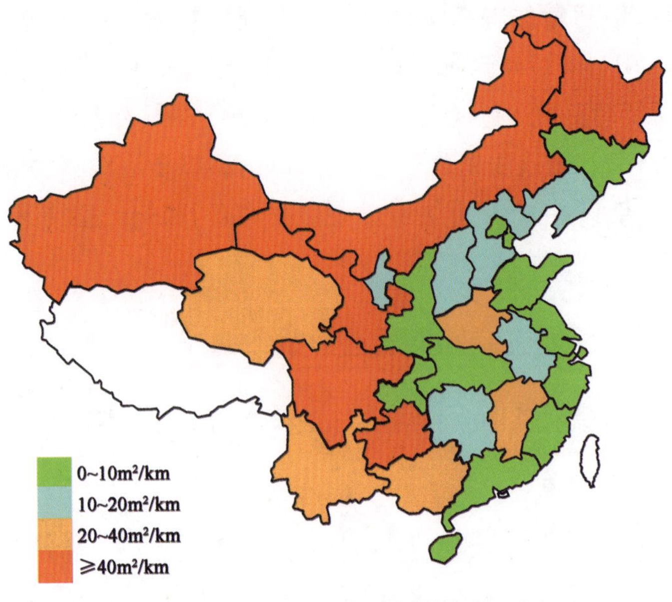

图 2-24　全国各省沥青路面龟裂病害数量等级分布图

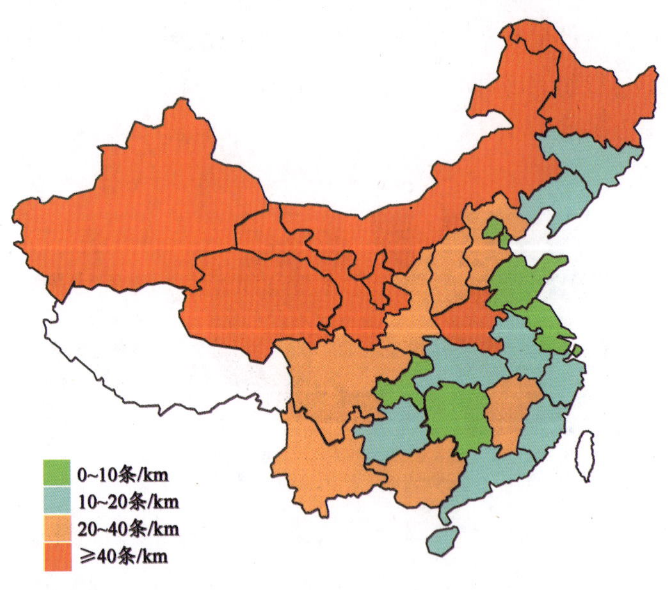

图 2-25　全国各省沥青路面横向裂缝病害数量等级分布图

将沥青路面纵向裂缝病害长度分为四个等级:轻(0 ~ 20m/km)、中(20 ~ 60m/km)、重(60 ~ 100m/km)和特重(≥100m/km)。其中,内蒙古、黑龙江、宁夏、甘肃、河南、新疆纵向裂缝病害数量较多,为特重级。全国各省沥青路面纵向裂缝病害分布如图 2-26 所示。

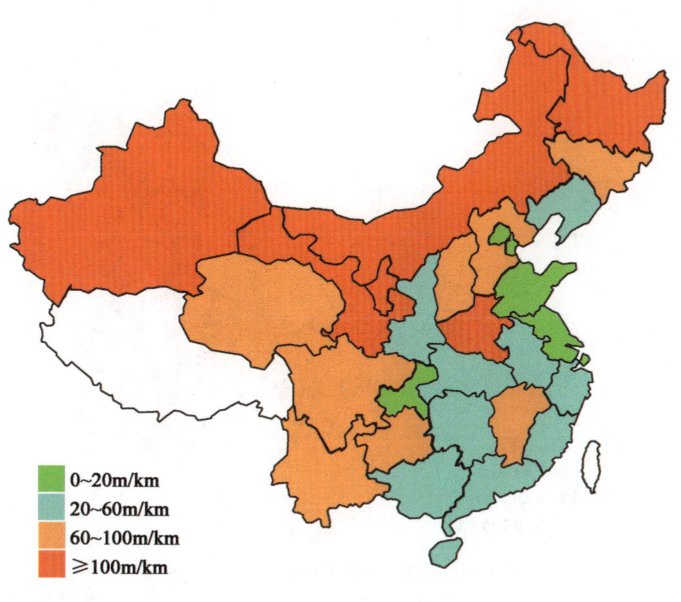

图 2-26 全国各省沥青路面纵向裂缝病害数量等级分布图

2. 水泥路面最主要病害是裂缝，占比 77.73%，破碎板病害占比 21.08%。 2011～2014 年抽检普通国道中，水泥路面为 17 240km，占全部抽检里程的 18.46%。其中，裂缝占比最大，占全国水泥路面损坏的 77.73%；破碎板其次，占全部损坏的 21.08%；修补及其他病害较少，仅占 1.19%，如图 2-27 所示。

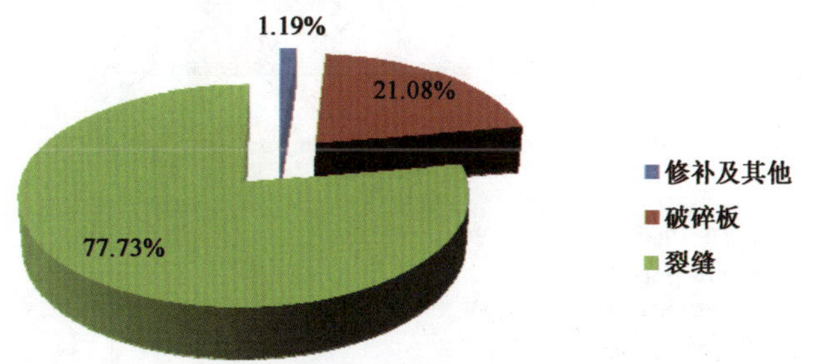

图 2-27 全国普通干线国道水泥路面病害分布图

将水泥路面裂缝病害数量分为四个等级：轻（0～0m/km）、中（60～75m/km）、重（75～100m/km）和特重（≥100m/km）。其中，四川、黑龙江、河南、江西裂缝病害数量等级为特重。全国各省水泥路面裂缝病害分布如图 2-28 所示。

将水泥路面破碎板病害数量分为四个等级：轻（0～10m^2/km）、中（10～25m^2/km）、重（25～30m^2/km）和特重（≥30m^2/km）。其中，四川、河南、黑龙江破碎板病害数量等级为特重。全国各省水泥路面破碎板病害分布如图 2-29 所示。

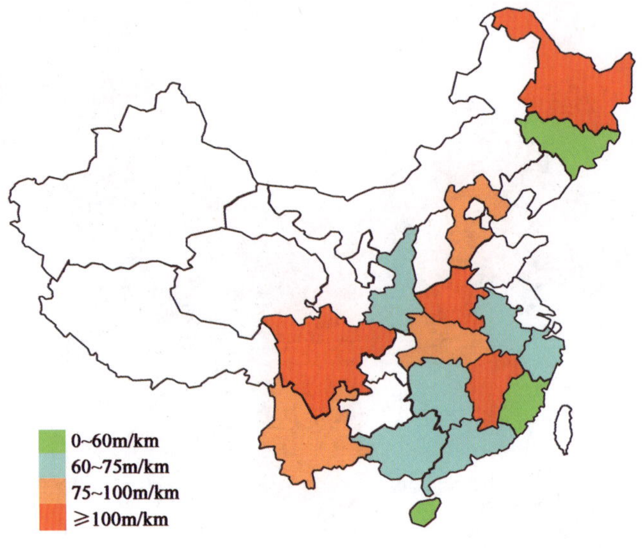

图 2-28 全国各省水泥路面裂缝病害数量等级分布图

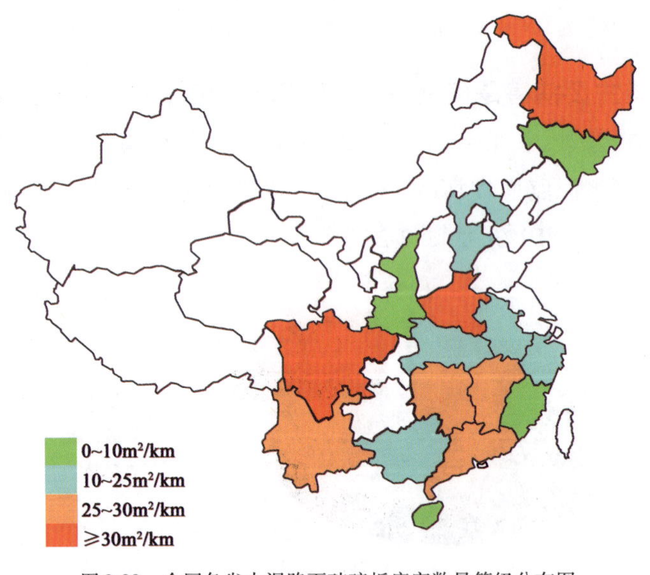

图 2-29 全国各省水泥路面破碎板病害数量等级分布图

(二)桥梁主要病害分析

通过对 2011 ~2014 年抽检的 160 座桥梁关键受力构件病害类型进行统计分析,各类桥型的主要病害情况不同。悬吊体系桥梁锚头锈蚀问题较为突出,61.11% 的斜拉桥以及 84.62% 的悬索桥出现类似病害;梁式桥箱梁腹板斜裂缝以及顶、底板裂缝较为常见,有 82.86% 的桥出现类似病害;有 46.15% 的拱桥出现桥面板开裂病害。下部结构桥墩开裂较为常见,有44.29%的梁桥和66.11%的斜拉桥的下部结构出现类似病害。具体详见表2-9、表2-10。

2011~2014年120座长大桥梁上部结构病害类型统计表 表2-9

<table>
<tr><th>桥型</th><th>部 件</th><th>上部结构主要构件常见病害缺陷</th><th>同类型桥梁数量(座)</th><th>发生类似病害桥数(座)</th><th>所占比例(%)</th></tr>
<tr><td>斜拉桥</td><td>斜拉索</td><td>斜拉索锚头渗水、锈蚀</td><td>36</td><td>22</td><td>61.11</td></tr>
<tr><td rowspan="3">悬索桥</td><td rowspan="2">主缆、吊杆、索夹及钢护套</td><td>主缆、吊杆防腐涂装失效,部分索夹表面涂层起皮脱落、索夹螺栓锈蚀</td><td rowspan="3">13</td><td>10</td><td>76.92</td></tr>
<tr><td>悬索桥吊索锚头渗水、锈蚀</td><td>11</td><td>84.62</td></tr>
<tr><td>锚室</td><td>悬索桥锚室渗水</td><td>6</td><td>46.15</td></tr>
<tr><td>混凝土箱拱</td><td>主拱圈</td><td>拱圈开裂,主拱圈纵向连接位置开裂,主拱圈局部混凝土破损、钢筋锈胀</td><td>37</td><td>13</td><td>35.14</td></tr>
<tr><td>刚架、桁架拱桥</td><td>刚架、桁架拱片</td><td>拱片弦杆、实腹段等重要构件开裂</td><td>4</td><td>4</td><td>100.00</td></tr>
<tr><td>拱桥</td><td>桥面板</td><td>桥面板重要承重构件开裂</td><td>41</td><td>22</td><td>53.66</td></tr>
<tr><td rowspan="4">梁式桥</td><td rowspan="4">上部承重构件(主梁、挂梁)</td><td>混凝土箱梁顶板、底板、腹板、翼缘板根部、横隔板、齿板开裂</td><td>70</td><td>58</td><td>82.86</td></tr>
<tr><td>大跨径箱梁跨中下挠</td><td>40</td><td>7</td><td>17.50</td></tr>
<tr><td>预应力锚头锈蚀、渗水</td><td>50</td><td>2</td><td>4.00</td></tr>
<tr><td>T形梁和I形梁腹板、横隔板开裂</td><td>6</td><td>5</td><td>83.33</td></tr>
</table>

2011~2014年160座长大桥梁下部结构病害类型统计表 表2-10

<table>
<tr><th>桥型</th><th>部 件</th><th>下部结构主要构件常见病害缺陷</th><th>同类型桥梁数量(座)</th><th>产生类似病害桥数(座)</th><th>所占比例(%)</th></tr>
<tr><td rowspan="2">斜拉桥</td><td>桥墩</td><td>混凝土挡块破碎、混凝土剥落露筋,桥墩开裂</td><td rowspan="2">36</td><td>22</td><td>61.11</td></tr>
<tr><td>桥台</td><td>桥台前墙,侧墙竖向开裂</td><td>13</td><td>36.11</td></tr>
<tr><td>悬索桥</td><td>锚锭</td><td>锚室内积水、渗水</td><td>13</td><td>4</td><td>30.77</td></tr>
<tr><td>拱桥</td><td>桥墩</td><td>桥墩钢筋锈胀、露筋锈蚀、存在裂缝</td><td>41</td><td>26</td><td>63.41</td></tr>
<tr><td rowspan="4">梁式桥</td><td rowspan="2">桥墩</td><td>桥墩开裂</td><td rowspan="4">70</td><td>31</td><td>44.29</td></tr>
<tr><td>盖梁悬臂端或盖梁跨中区域结构性竖向裂缝和斜向裂缝</td><td>33</td><td>47.14</td></tr>
<tr><td>基础</td><td>部分桥梁桩基存在冲刷现象。桩头混凝土侵蚀、剥落、缩径,钢筋锈蚀,部分桥梁桩头钢筋完全锈蚀</td><td>7</td><td>10.00</td></tr>
<tr><td>桥台</td><td>桥台竖向裂缝或水平裂缝</td><td>25</td><td>35.71</td></tr>
</table>

五、全国干线公路网灾害损失情况分析

2014 年,全国干线公路网因恶劣天气、地质灾害等自然灾害造成的局部公路基础设施损失情况较 2013 年严重。部分地区汛期较往年有所提前,累计冲毁路基 8 223.69 万立方米/84 166 公里,冲毁路面 17 111.91 万平方米/10.7 万公里,毁损桥梁 150 877 延米/4 654 座,毁坏涵洞 28 449 道,冲毁驳岸、挡墙 1 429.17 万立方米/115 306 处,护坡 473.47 万立方米/49 562 处,坍塌方 11 301.42 万立方米/457 801 处。

2014 年,全国干线公路网灾害损失情况主要有两个特点:

1. 公路灾损损失较往年明显偏重。与往年相比,2014 年江南、华南、西南地区降雨频次高、降雨强度大,部分省(区)集中受灾。5 月,我国南方部分省区普降大雨或大暴雨,暴雨引发洪水、泥石流和山体垮塌等,造成多省区国省道公路损毁。广东、湖南、江西、贵州、广西等地公路损毁受阻较为严重。

2. 台风多次登陆对浙闽粤桂琼等省公路交通造成严重影响。2014 年,5 个台风先后登陆我国,虽然登陆次数较常年同期少,但强度较大。7 月 18 日至 19 日,超强台风“威马逊”先后在海南、广东、广西三省(区)三次登陆,最大风力达 17 级,是 1973 年以来登陆华南沿海最强的台风。受台风影响区域出现强降雨,多地高速公路局部路段封闭,部分地区公路基础设施受损严重,对公路出行造成较大影响。

第三章 全国干线公路网交通运行状况

一、全国干线公路网交通流量分析

(一)全国交通量统计分析

根据全国交通情况调查系统统计,2014 年全国干线公路年平均日交通量[10]为 15 410pcu/日,同比[11]增长 4.81%。2010~2014 年度全国干线公路网交通量变化趋势如图 3-1 所示。

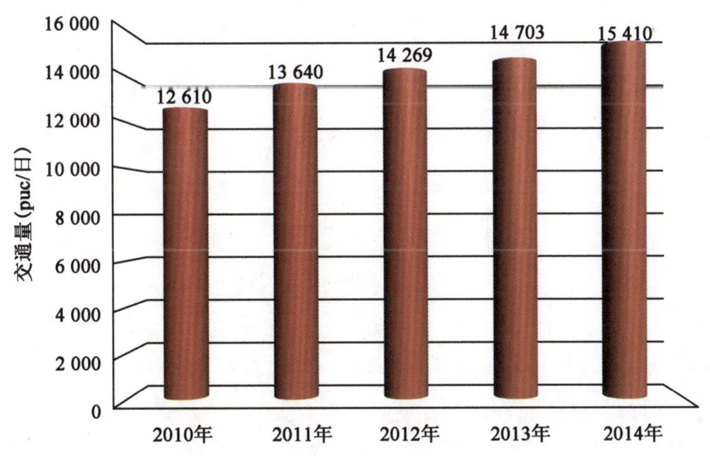

图 3-1 全国干线公路网 2010~2014 年底平均日交通量趋势

2014 年,国道网机动车年平均日交通量为 15 157 辆,同比增长 3.77%,北京、天津、

[10] 交通量:指单位时间内通过公路某断面的车辆数。年平均日交通量,即一年的交通量除以一年的总日数。年平均日交通量反映了公路网总体交通量大小情况。pcu/日是交通流量的单位,表示所调查的各类车型折算成标准车(小客车)后的流量合计值。

[11] 同比:为统一口径进行对比分析,有关公路交通流量数据的同期比较均按可比口径计算。

上海、江苏、浙江、山东、河南和广东地区国道网的年平均日交通量均超过 20 000 辆；国道网平均行驶量⑫为 186 538 万车公里，同比增长 2.35%，其中，浙江、山东、河南和广东的国道网日平均行驶量均超过 10 000 万车公里。其中，国家高速公路日平均交通量为 23 551 辆，日平均行驶量为 97 423 万车公里，同比分别增长 5.46%、4.18%；普通国道日平均交通量为 10 899 辆，日平均行驶量为 89 048 万车公里，同比分别增长 1.94%、0.46%。全国高速公路日平均交通量为 22 021 辆，日平均行驶量为 119 894 万车公里，同比分别增长 7.14%、6.12%。

从空间分布看，国家高速公路网主通道中年平均日交通量较大的路段是京港澳高速（G4）北京段、沪昆高速（G60）上海段、京沪高速（G2）上海段、济广高速（G35）广东段、沪渝高速（G42）江苏段等，重点城市群联络线及地区环线中年平均日交通量较大的路线是杭州绕城（G2501）、东佛高速（G9411）、广澳高速（G4W）、常台高速（G15W）；年平均日交通量较小的国道路段主要分布在边疆地区的普通国道，如叶孜线（G219）西藏段、成那线（G317）西藏段、珲乌线（G302）内蒙古段等。2014 年国家高速公路交通量分布如图 3-2 所示，普通国道交通量分布如图 3-3 所示。

图 3-2　2014 年国家高速公路交通量分布情况

⑫行驶量：从 2014 年起，行驶量计算方法由“机动车当量数”与“公路总里程”的乘积调整为“机动车当量数”与“公路总观测里程”的乘积，计算单位：万车（pcu）·公里/日。

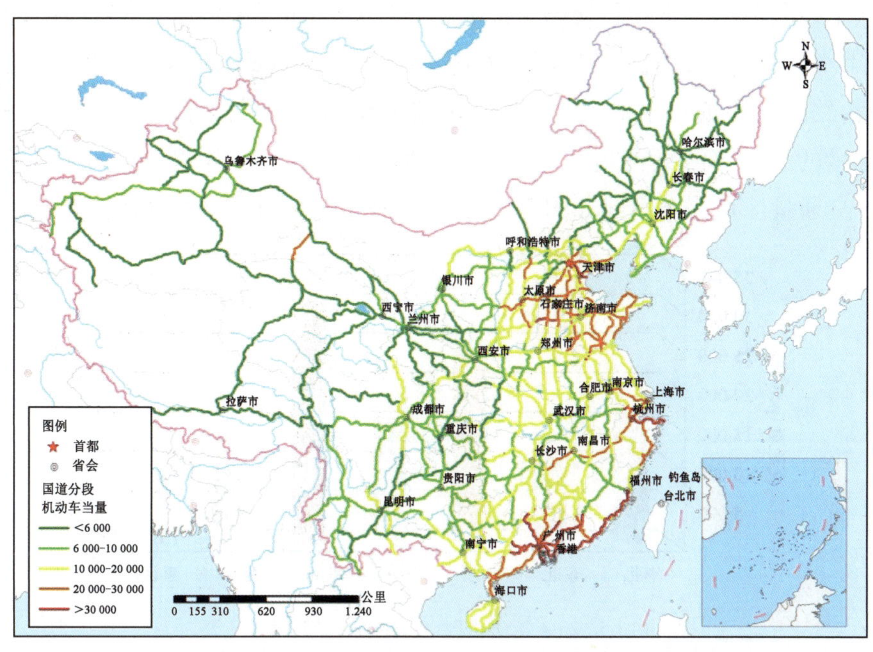

图 3-3 2014 年普通国道交通量分布情况

从时间分布看,全国干线公路网交通量月度变化特征明显。受春节假期及天气因素影响,2 月份交通量最小,从 3 月份以后交通量逐月增长,6 月份交通量有小幅回落,此后继续增长,10 月份交通量达到波峰,此后逐月回落。2014 年全国干线公路网月度交通量变化情况如图 3-4 所示。

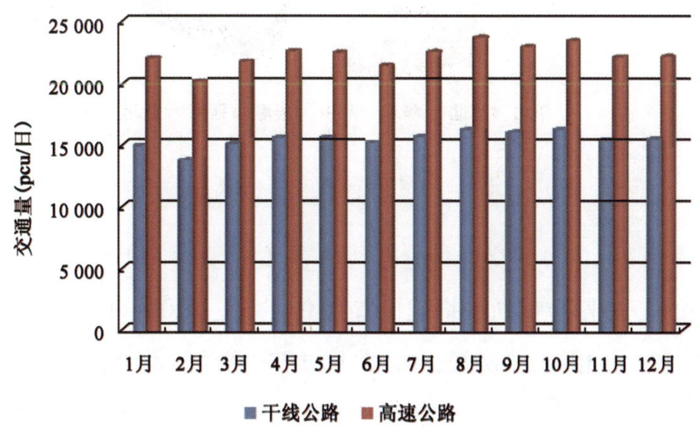

图 3-4 全国干线公路网 2014 年月度交通量变化情况

(二)区域交通量统计分析

全国各大区域路网交通量分布情况看,全国干线公路网交通量分布不均匀。其中,华南地区干线公路网年平均日交通量最大，为 30 005pcu/日；其次是华东地区，为23 729 pcu/日；年平均日交通量最小的区域是西南地区，仅为 8 388pcu/日。从路网交通承载分布情况看，路网密集的华东地区承担的行驶量占全国总量的 26.22%，其次是华南地区占全国总量的 18.99%，西南地区、东北地区承担的行驶量占比最小，分别为 7.93% 和 7.86%。交通量区域分布情况如图 3-5 所示，行驶量区域分布情况如图 3-6 所示。

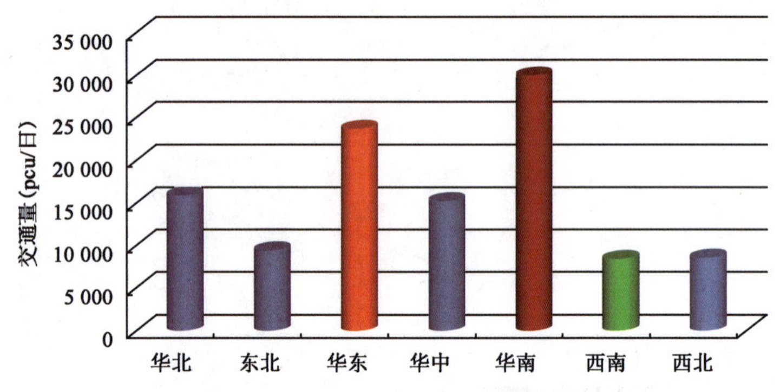

图 3-5 2014 年全国干线公路网区域交通量情况

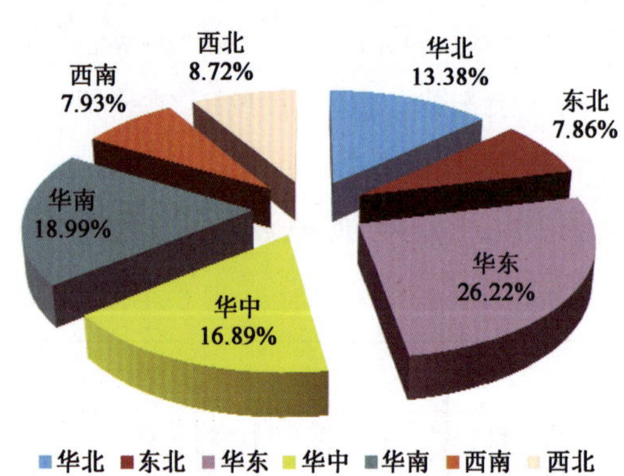

图 3-6 2014 年全国干线公路网区域行驶量分布情况

从全国 31 个省(区、市)的交通量分布情况看，总体上分布差异较大，交通量规模与该地区经济发展水平、产业布局、所处地理位置有密切关系。2014 年干线路网年平均日交通量前 5 位的省份与上年相同，依次是上海、北京、广东、浙江、天津；后 5 位的省份依次是西藏、青海、黑龙江、新疆、甘肃。高速公路年平均日交通量前 5 位的省份依次是上海、北京、广东、浙江、江苏；后 5 位的省份依次是黑龙江、吉林、新疆、甘肃、宁夏。

全国各大区域路网交通量与行驶量的具体分布情况如下：

华北地区干线路网年平均日交通量为 15 910pcu/日，略高于全国平均水平，承担的行驶量为 28 276 万车(pcu)·公里/日,占全国总行驶量的 13.38%。与上年相比,华北地区干线路网交通量增长 2.49%,行驶量增长 9.59%。

东北地区干线路网年平均日交通量为 9 423pcu/日,与上年相比,增长 5.32%,承担的行驶量为 16 613 万车(pcu)·公里/日,与上年相比增长 2.43%,占全国总行驶量的 7.86%,占比略有下降。

华东地区干线路网年平均日交通量为 23 729pcu/日,是全国平均水平的 1.54 倍。与上年相比,华东地区干线路网交通量增长较快,增长幅度达到 10.84%,行驶量为 55 390万车(pcu)·公里/日,同比增长 8.21%。

华中地区干线路网年平均日交通量为 15 231pcu/日,与全国平均水平基本持平。与上年相比,华中地区干线路网交通量增长 3.21%,行驶量增长 8.15%,占全国总行驶量的 16.89%,占比上升 3.4 个百分点。

华南地区干线路网年平均日交通量最大,达到 30 005pcu/日,是全国平均水平的 1.95倍,行驶量仅次于华东地区,达到 40 115 万车(pcu)·公里/日。与上年相比,华南地区干线路网同比增长 8.94%,行驶量增长 7.67%。

西南地区干线路网年平均日交通量最小,为 8 388pcu/日,行驶量 16 762 万车(pcu)·公里/日,占全国行驶量的 7.93%。与上年相比,西南地区干线路网交通量增长 2.59%,行驶量下降 0.79%。

西北地区干线路网年平均日交通量 8 544pcu/日,略高于西南地区,行驶量 18 427 万车(pcu)·公里/日,占全国行驶量的 8.72%。与上年相比,西北地区干线路网交通量下降 2.49%,行驶量下降 5.44%。

二、全国干线公路网拥挤程度分析

(一)全国路网拥堵情况分析

2014 年,全国干线公路网拥挤度[13]为 16.22%,同比下降 1 个百分点,高速公路网和普通国道网的拥挤度分别为 9.92% 和 21.39%。其中,高速公路处于“畅通”和“基本畅通”状态的里程比例为 83.11%,同比下降 4 个百分点,“严重拥堵”状态的里程比例为 6.04%;普通公路处于“畅通”和“基本畅通”状态的里程比例为 67.62%,“严重拥堵”状

[13] 路网拥挤度:指路网中处于中度拥堵和严重拥堵状态的路段里程占路网总里程的百分比。本报告中,路网拥挤度划分标准为:<11% 畅通,[11%,19%)基本畅通,[19%,28%)轻度拥堵,[28%,36%)中度拥堵,≥36% 严重拥堵。

态的里程比例为9.36%，与上年基本持平。具体分布情况如图3-7所示。

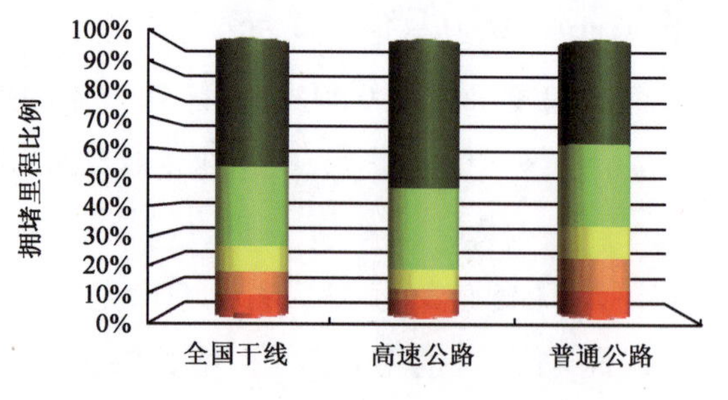

图3-7　2014年全国干线路网不同等级路网拥挤度情况

从路网空间分布看，国家高速公路拥堵的路段主要分布在京港澳高速（G4）北京段、沪昆高速（G60）上海段、京沪高速（G2）北京段等特大城市进出城路段。普通国道拥堵路段主要分布在京津冀、长三角、珠三角等经济发达地区。国家高速公路拥堵分布情况如图3-8所示，普通国道拥堵分布情况如图3-9所示。

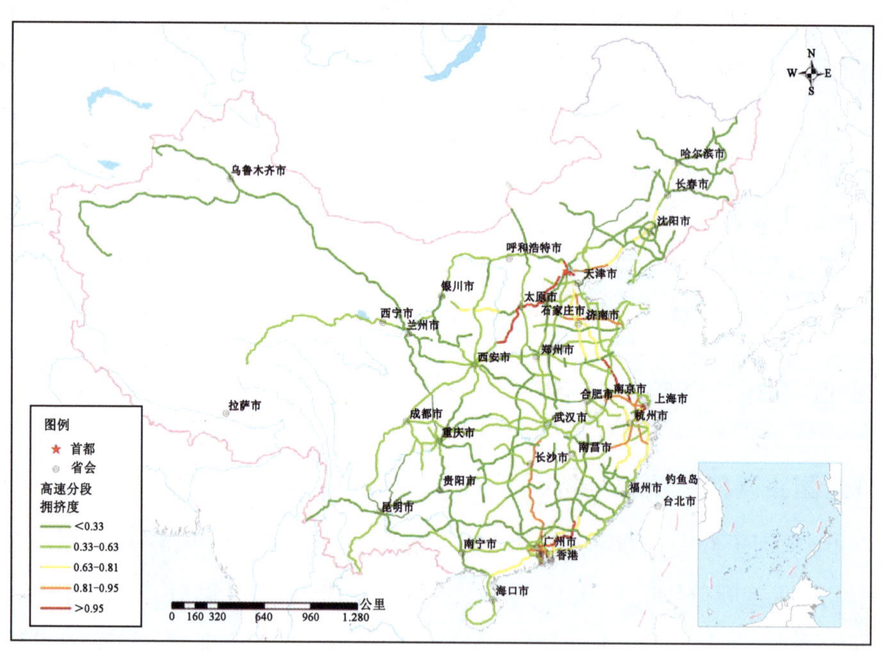

图3-8　2014年国家高速公路拥堵分布情况

从时间分布看，全国干线公路网月平均路网拥挤度处于“基本畅通”状态，与上年相比基本持平。其中，3月至11月拥堵程度较高。全国干线公路网月平均路网拥挤度如图3-10所示，月度运行状态比例如图3-11所示。

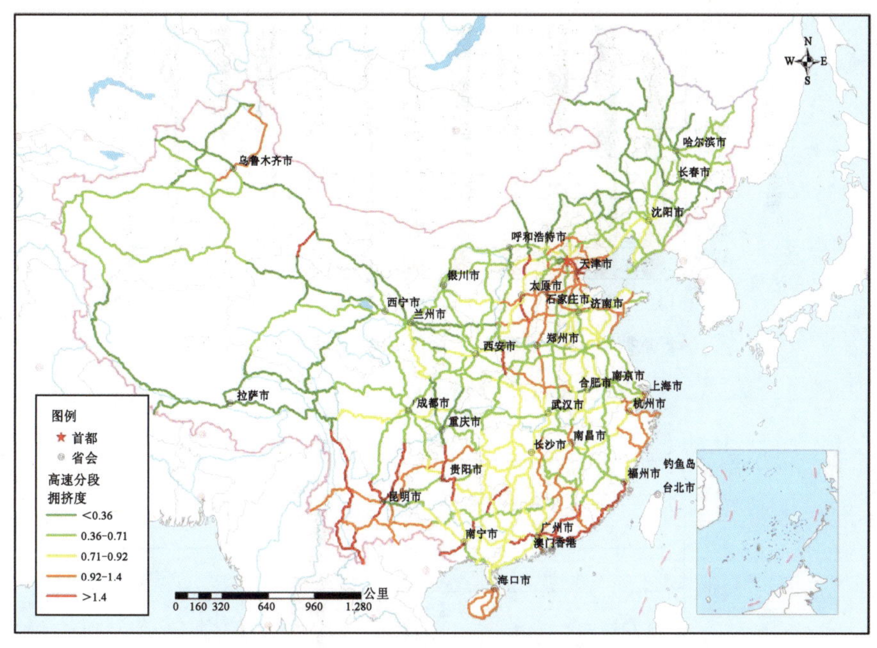

图 3-9 2014 年普通国道拥堵分布情况

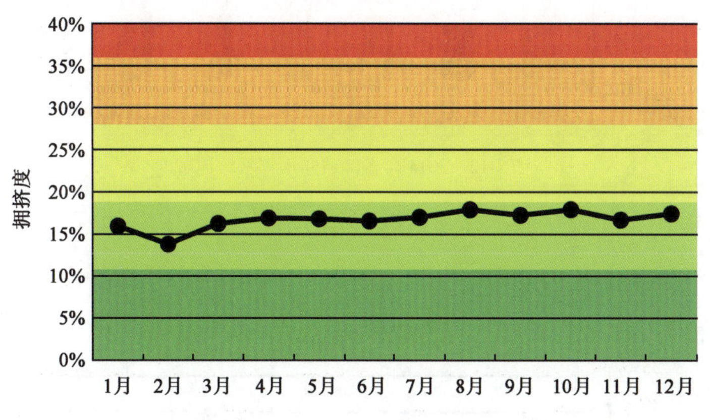

图 3-10 2014 年全国干线公路网月平均路网拥挤度

(二)区域路网拥堵情况分析

2014 年,全国干线公路网各大区域间的拥挤程度差异较大。其中,华南地区路网最为拥堵,拥挤度达 33.06%,比上年增长 3 个百分点;东北、西北地区路网较为畅通,拥挤度分别为 5.30% 和 5.58%。与 2013 年相比,华东、华南地区路网拥堵情况继续加剧,华北、西南地区拥挤度明显好转,其余地区基本持平。具体如图 3-12 所示。

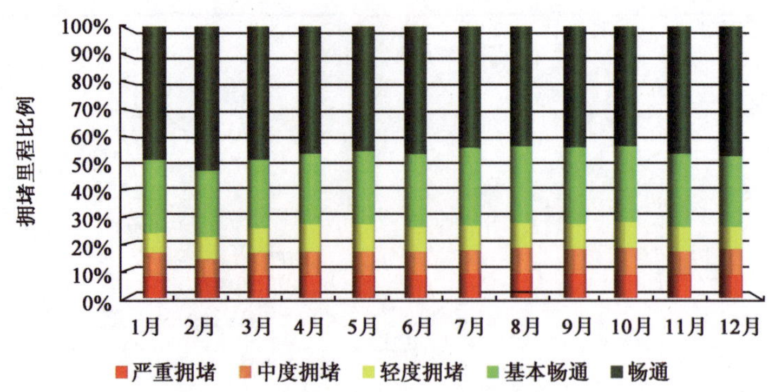

图 3-11 2014 年全国干线路网月度运行状态比例

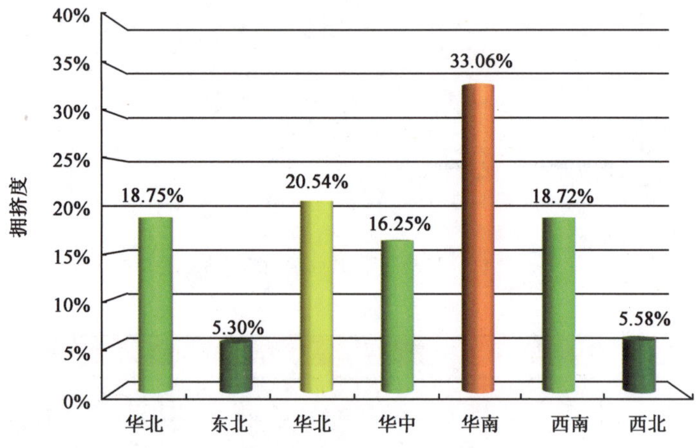

图 3-12 2014 年各区域路网年平均拥挤度

根据近 3 年各大区域路网拥挤度年度变化情况分析,华南地区的路网拥挤度始终处于全国高位并有逐年上升的趋势。华北、华中、西南地区路网拥挤度呈逐年递减趋势,交通拥堵情况有所好转;东北、华东、西北地区拥挤度基本持平。具体如图 3-13 所示。

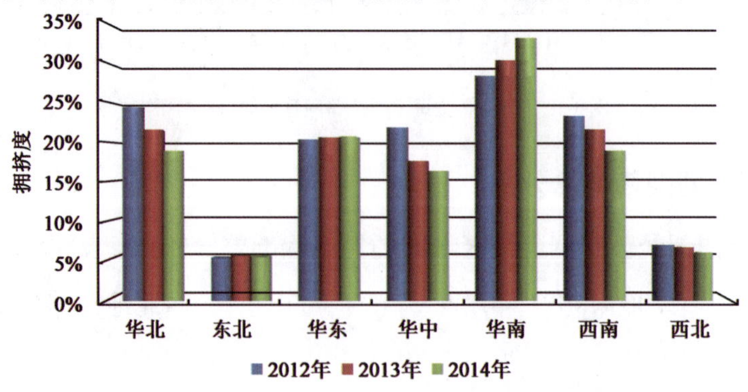

图 3-13 2012 ~ 2014 年各区域路网年平均拥挤度变化

从全国31个省(自治区、直辖市)的拥挤度分布情况看,2014年干线路网拥挤度较高省份依次是上海、天津、北京、广东、云南;拥挤度较小省份与上年相同,依次是西藏、青海、吉林、黑龙江、宁夏。高速公路拥挤度较高省份依次是上海、北京、广东、浙江、江苏;拥挤度较小的省份依次是黑龙江、吉林、新疆、云南、青海。

三、全国干线公路网阻断事件分析

(一)阻断事件基本情况分析

自2011年以来,公路交通阻断信息报送数量与质量逐年提升,基本反映了全国干线公路网重大突发事件及严重阻断事件的时空分布情况。根据2014年全国公路交通阻断信息报送统计,全国31个省(区、市)累计报送各类阻断事件[14]共计19 559起,较2013年同比增长15.45%,累计公路阻断里程约47.56万公里,同比增长16.15%,累计公路阻断持续时间约347.12万小时,同比增长43.27%。阻断里程及持续时间的延长,说明路网运行压力及阻断事件影响程度进一步加重。2009~2014年公路交通阻断事件数量变化趋势如图3-14所示。

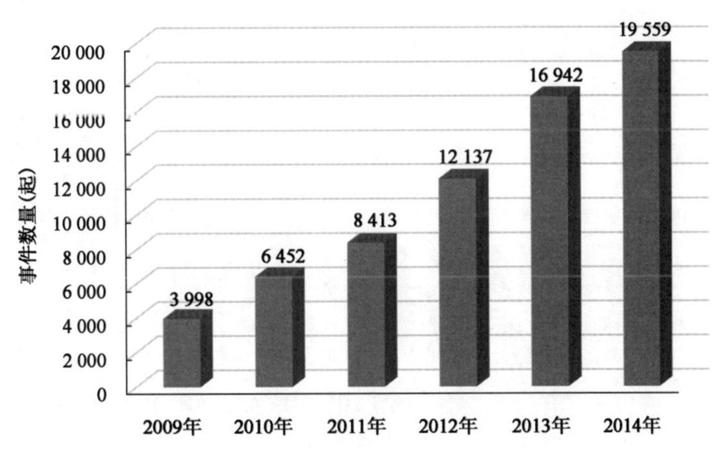

图3-14 2009~2014年公路交通阻断事件数量历年变化趋势

(二)阻断事件时间分布分析

从阻断事件时间分布情况看,2014年冬季为公路交通阻断事件多发期,其次分别为秋季和夏季。9月、10月、11月、12月所发生的阻断事件数量约占全年的38.86%,主要

[14]阻断事件:根据《交通运输部阻断信息报送制度》中规定的计划性施工养护以及突发性自然灾害、事故灾难、恶劣天气等引发的严重公路交通阻断或拥堵事件。

是冰冻雨雪及大雾等恶劣天气造成的公路封闭事件。具体如图 3-15 所示。

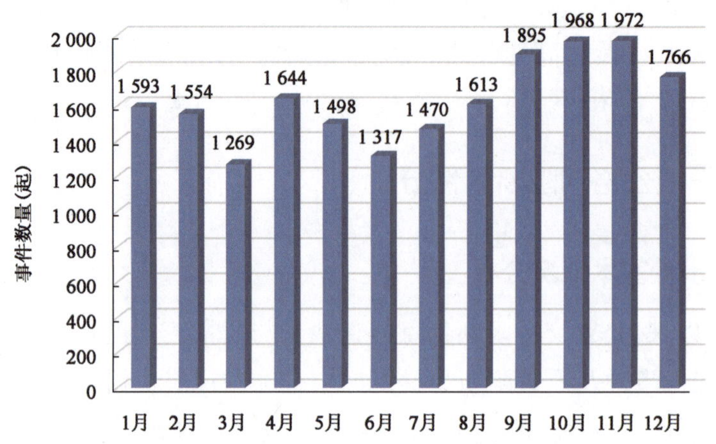

图 3-15　2014 年阻断事件发生的月度分布图

2011 ~ 2014 年各月份阻断事件数量分布呈现普遍增长趋势，如图 3-16 所示。其中，增幅较明显的为 2014 年 4 月份、9 月份，与 2013 年相比分别增长了 611 起、545 起。

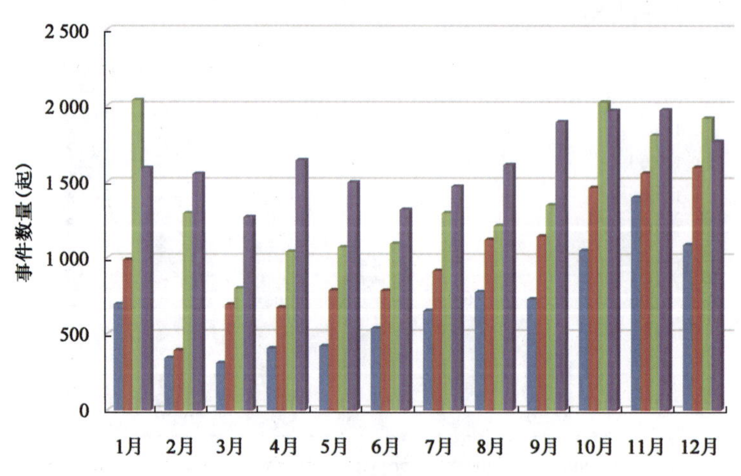

图 3-16　2014 年阻断事件发生的月度分布变化图

(三) 阻断事件区域分布分析

2014 年，从各大区域分布情况看，华北、华东和西南三个地区阻断事件数量占全国的 74.83%；华北、华东和西南三个地区累计阻断里程占全国的 72.68%；华东、华北和西南三个地区累计阻断持续时间占全国的 57.47%。从上述三项指标综合分析，华北地区的阻断严重程度最高。具体如图 3-17 ~ 图 3-19 所示。

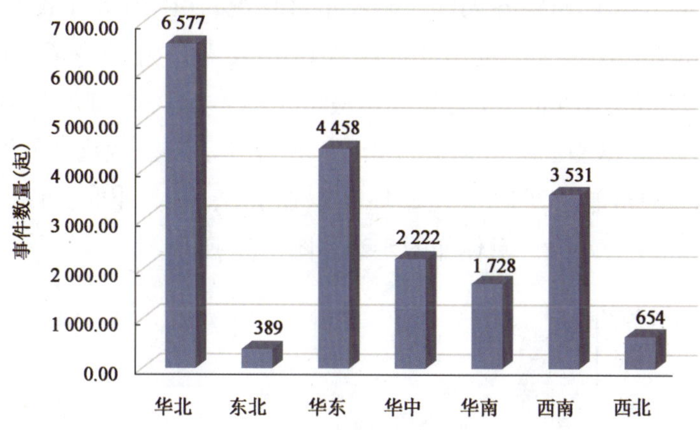

图 3-17 2014 年各区域公路交通阻断事件数

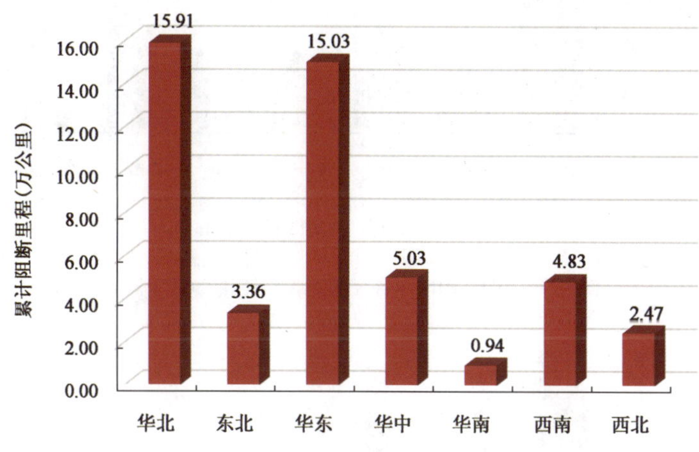

图 3-18 2014 年各区域公路交通累计阻断里程

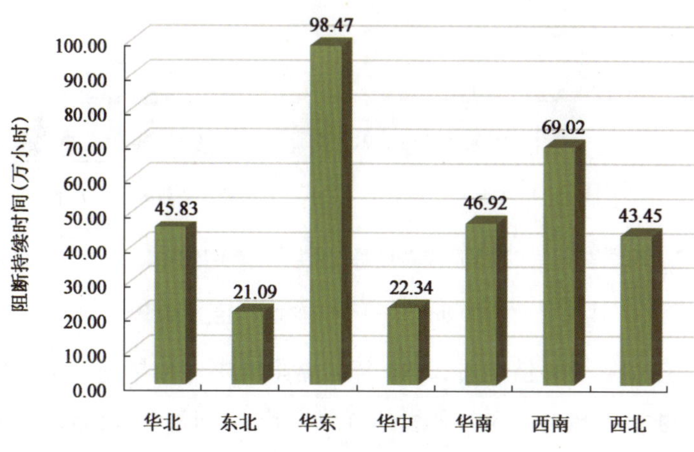

图 3-19 2014 年各区域公路累计阻断持续时间

对比 2011 ~ 2014 近四年各大区域阻断事件情况，从阻断事件数量分析，华北、华东、华中、西南普遍呈增长趋势，而东北地区 2014 年较 2013 年减少了 276 起；从累计阻断里程分析，华东、华中、西北三个地区逐年呈增长趋势，而东北地区 2014 年较 2013 年减少了 1.68 万公里；从阻断持续时间分析，华东、华中、华南、西南、西北五个地区逐年呈增长趋势，其中华东地区 2014 年较 2013 年增加了 46.99 万小时，而东北地区 2014 年较 2013 年减少了 11 万小时。具体如图 3-20 ~ 图 3-22 所示。

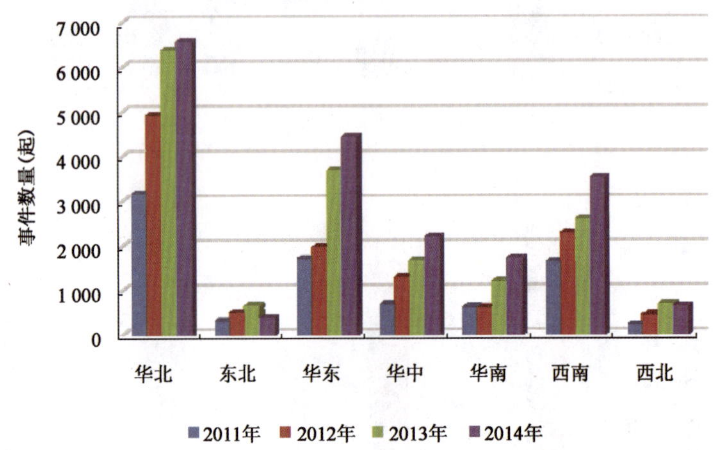

图 3-20　2011 ~ 2014 年各区域公路累计阻断事件变化图

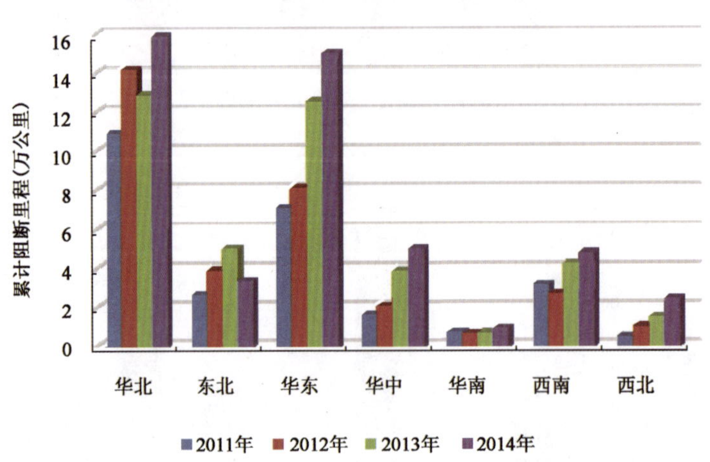

图 3-21　2011 ~ 2014 年各区域公路累计阻断里程变化图

从阻断事件各省域分布情况看，2014 年公路阻断事件数量超过 700 起的省(区、市)有 10 个，累计阻断里程超过 1.3 万公里的省(区、市)有 12 个，阻断持续时间超过 10 万小时的省(区、市)有 15 个。具体情况见表 3-1。

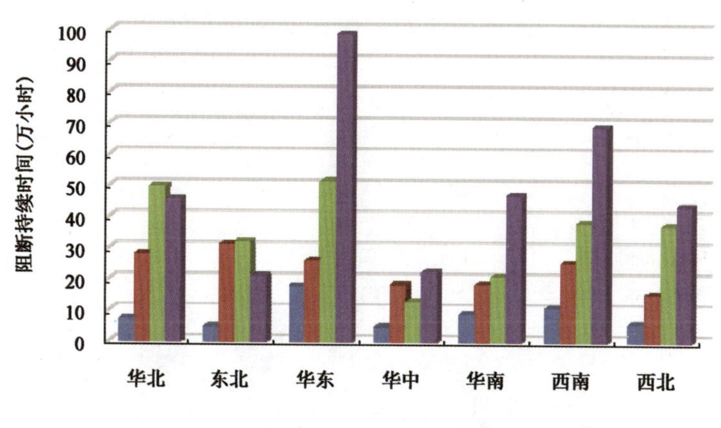

图 3-22 2011 ~2014 年各区域公路累计阻断时间变化图

省(区、市)阻断事件总体情况

表 3-1

序号	阻断事件总数 超过 700 起的省(区、市)	累计阻断里程超过 1.3 万公里的省(区、市)	阻断持续时间 超过 10 万小时的省(区、市)
1	山西/3 266 起	山西/7.31 万公里	重庆/45.94 万小时
2	重庆/2 240 起	山东/6.45 万公里	山东/38.11 万小时
3	北京/2 000 起	河北/4.28 万公里	广西/34.56 万小时
4	湖南/1 520 起	江西/3.27 万公里	江苏/30.32 万小时
5	广东/1 271 起	江苏/3.18 万公里	陕西/19.31 万小时
6	江苏/1 164 起	四川/2.46 万公里	江西/19.08 万小时
7	江西/1 122 起	天津/2.25 万公里	辽宁/18.07 万小时
8	山东/925 起	吉林/2.07 万公里	天津/13.60 万小时
9	天津/827 起	河南/1.92 万公里	新疆/13.34 万小时
10	四川/741 起	新疆/1.62 万公里	北京/12.48 万小时
11	—	湖北/1.34 万公里	广东/11.47 万小时
12	—	湖南/1.31 万公里	山西/11.37 万小时
13	—	—	湖南/11.32 万小时
14	—	—	云南/10.14 万小时
15	—	—	四川/10.07 万小时

(四)阻断事件通道与路段分布分析

2014 年,主要运输通道[15]阻断事件数量中,六大运输通道的阻断事件数量、累计阻

[15] 主要运输通道:指全国干线公路网中承担重要运输功能,且交通流量大、阻断拥堵情况突出的代表性通道,包括高速公路及与之平行的国道。

断里程、阻断持续时间分布情况如图3-23～图3-25所示。

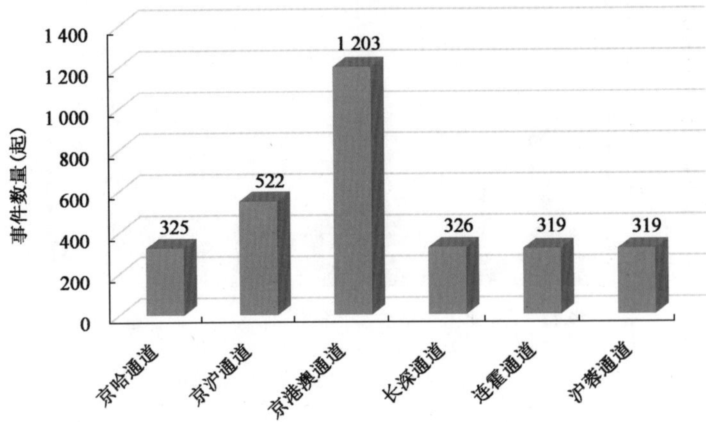

图3-23　2014年部分运输通道阻断事件数量

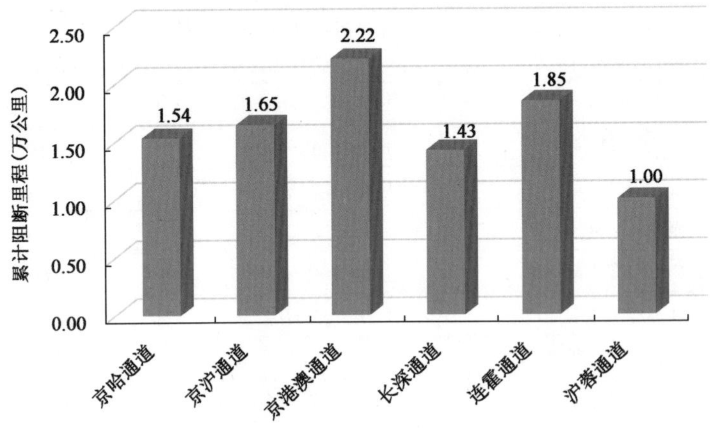

图3-24　2014年部分运输通道阻断事件阻断里程数据

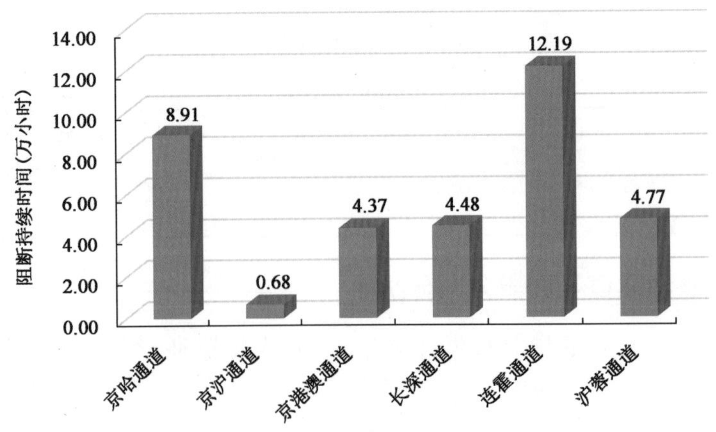

图3-25　2014年部分运输通道阻断事件持续时间

对比2013年与2014年主要运输通道阻断事件数，京沪和连霍通道阻断事件数量分别增加216起和56起，京哈、京港澳、长深、沪蓉通道分别减少73起、213起、26起和42起。具体如图3-26所示。

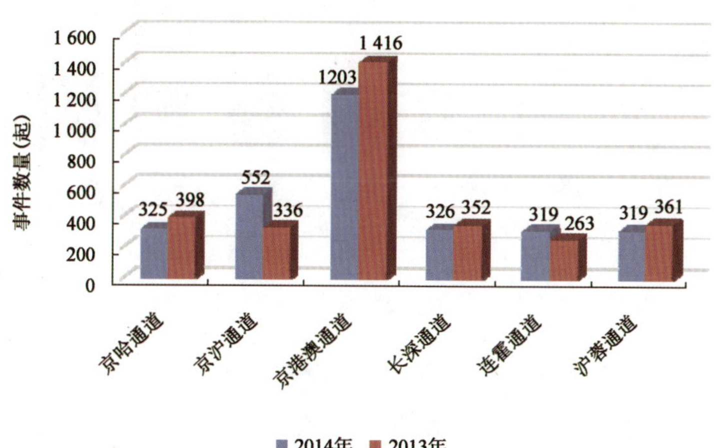

图3-26 2013～2014年部分运输通道阻断事件变化情况

对比2013年与2014年主要运输通道阻断里程，长深和连霍通道累计阻断里程分别增加0.24万公里和0.90万公里，京哈、京沪、京港澳和沪蓉通道分别减少0.33万公里、0.03万公里、0.36万公里和0.45万公里。具体如图3-27所示。

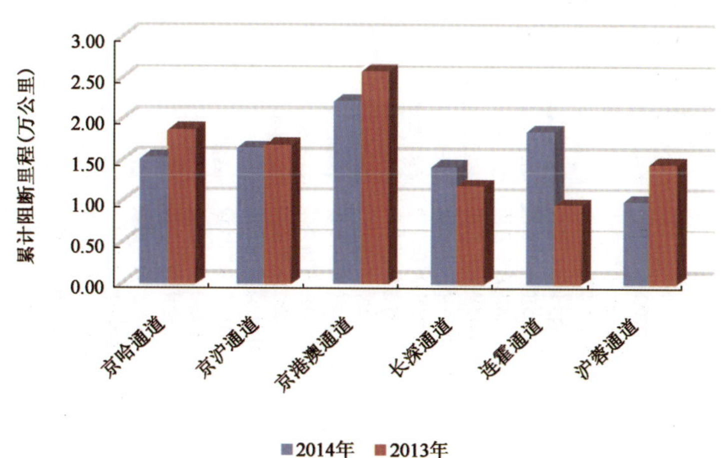

图3-27 2013年～2014年部分运输通道阻断事件累计阻断里程变化情况

对比2013年与2014年主要运输通道阻断持续时间，京哈、连霍和沪蓉通道阻断持续时间分别增加6.72万小时、4.69万小时和1.40万小时，京沪、京港澳和长深通道分别减少1.60万小时、0.02万小时和2.52万小时。具体如图3-28所示。

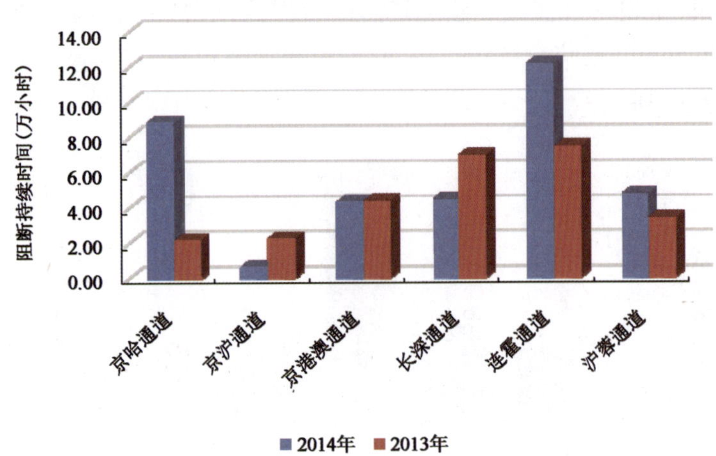

图 3-28　2013～2014 年部分运输通道阻断事件持续时间变化情况

从阻断事件分布情况看,2014 年阻断事件较多的路段分别为青银高速(G20)山西吕梁段、机场高速(S12)、五保高速(S46)山西忻州段、京昆高速(G5)山西阳泉段、包茂高速(G65)重庆武隆段和京港澳高速(G4)湖南长沙段。具体如图 3-29 所示。

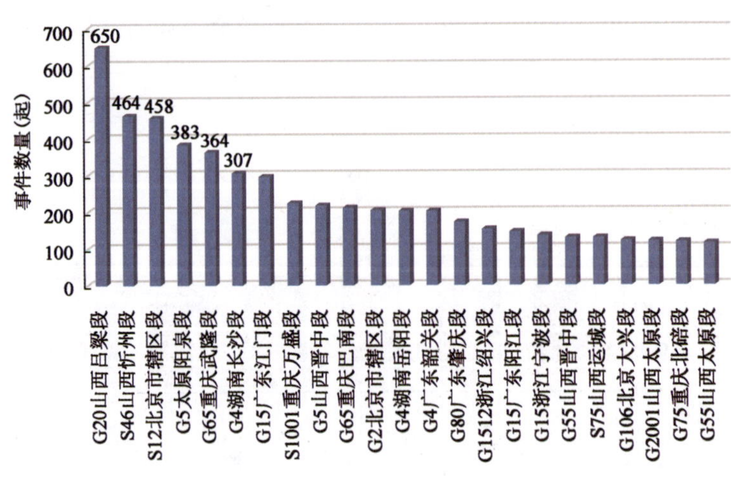

图 3-29　2014 年部分路段阻断事件分布情况

从阻断事件累计阻断里程分布情况看,2014 年累计阻断里程较多的路段分别为青银高速(G20)山西吕梁段、机场高速(S12)、五保高速(S46)山西忻州段、沈海高速(G15)浙江宁波段、京港澳高速(G4)广东韶关段和二广高速(G55)山西太原段。具体如图 3-30 所示。

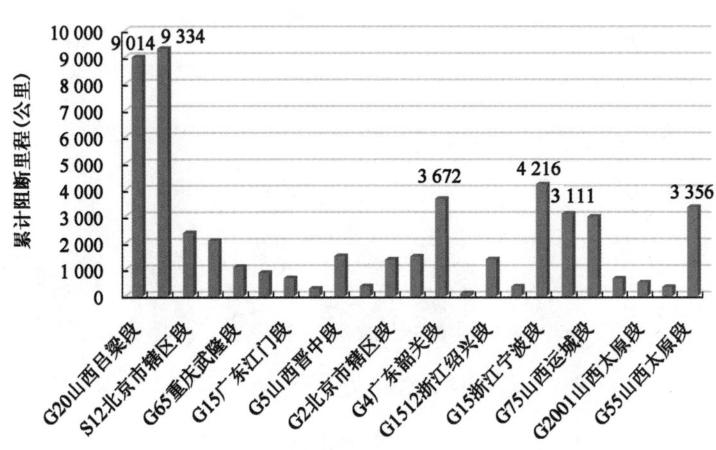

图 3-30 2014 年部分路段阻断事件累计阻断里程分布情况

从阻断事件持续时间分布情况看,2014 年阻断事件累计持续时间较多的路段分别为沈海高速(G15)广东江门段、包茂高速(G65)重庆武隆段、沈海高速(G15)广东阳江市、重庆三环高速(S1001)万盛段和京港澳高速(G4)广东韶关段。具体如图 3-31 所示。

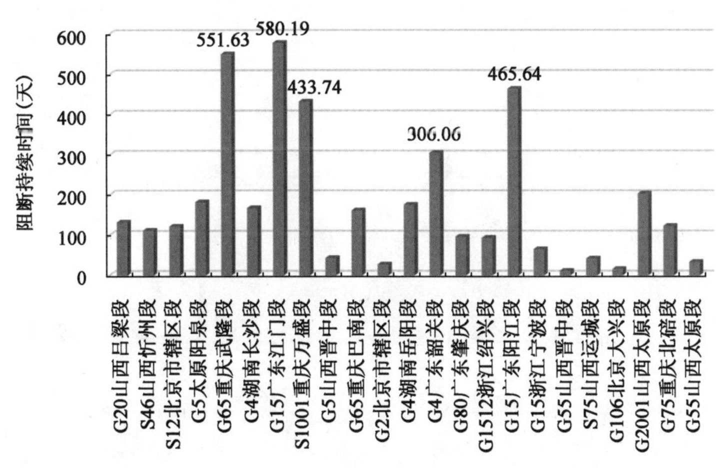

图 3-31 2014 年部分路段阻断事件持续阻断时间分布情况

(五)阻断事件成因分析

2014 年,因计划性原因(施工养护、重大社会活动、其他)造成的阻断事件共5 177 起,占总数的 26.51%;因突发性原因(自然灾害、事故灾难、恶劣天气、其他)造成的阻断事件共 14371 起,占总数的 73.49%。突发性原因依然是造成公路交通阻断的主要原因。2009 ~ 2014 年公路交通阻断事件成因变化趋势如图 3-32 所示。

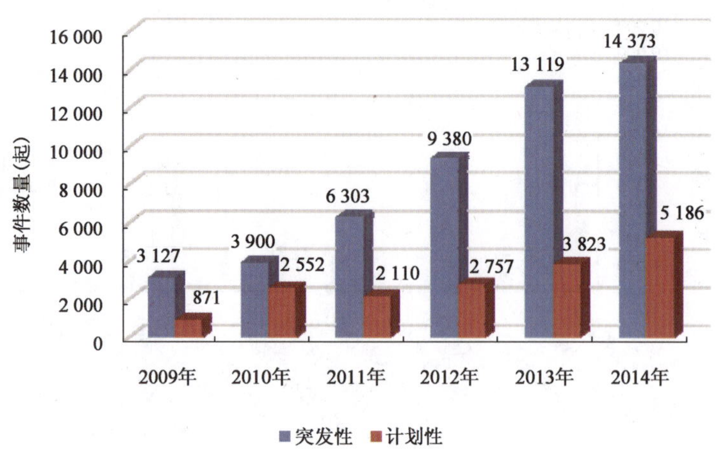

图 3-32　2009～2014 年公路交通阻断事件成因历年变化趋势

在全部突发性和计划性阻断事件成因中，除恶劣天气、事故灾害类 2014 年与 2013 年数量基本持平外，地质灾害类、施工养护类和重大社会活动类等各类阻断事件数量 2014 年均有所增长，其中，地质灾害类阻断事件 2014 年同比增长 10.57%，施工养护类阻断事件同比增长 33.97%。2012～2014 年公路交通阻断事件成因对比情况如图 3-33 所示。

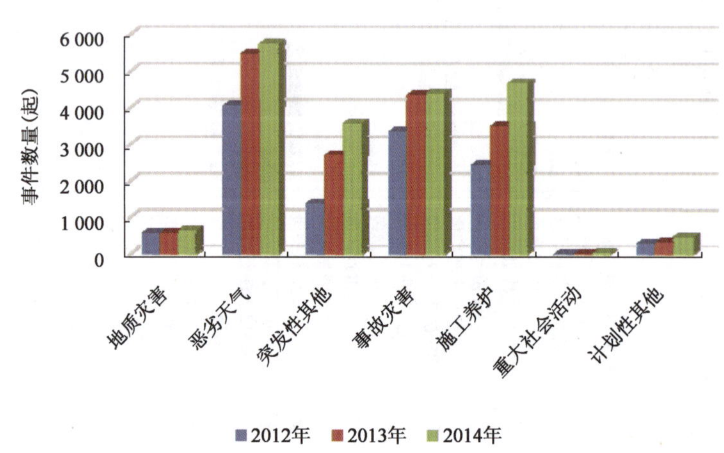

图 3-33　2012～2014 公路交通阻断事件成因对比

在突发性原因中，恶劣天气、事故灾害（车辆故障、车辆交通事故和危险品泄漏）和地质灾害引发的阻断事件数量，占全部数量的 55.17%。其中，因雨、雪、雾、霾等恶劣天气引发的阻断事件数量占全部数量的 29.43%，同比增长 4.86%；因事故灾害引发的阻断事件数量占全部数量的 22.48%，同比增长 1.22%。具体如图 3-34 所示。

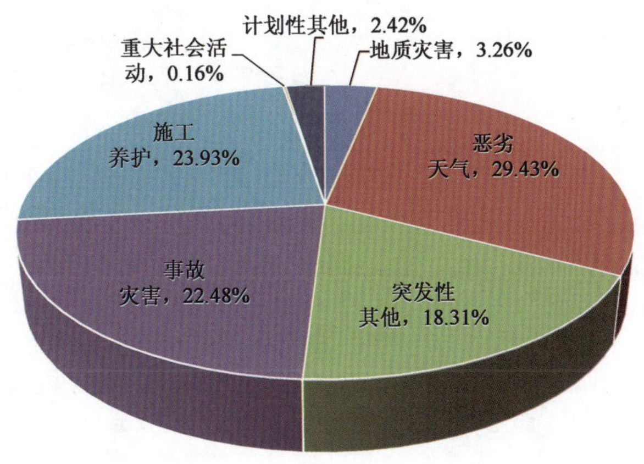

图 3-34　2014 年公路交通阻断事件主要成因分布

(六)阻断事件特性分析

2014 年,全国干线公路网阻断严重情况进一步加剧,主要指标中事件严重程度⑯达到 209.98 万公里·天,同比增加 62.33%;阻断覆盖总里程 5.53 万公里,同比增加 87.46%。此外,阻断事件重复系数⑰和阻断事件覆盖率⑱等指标也分别同比增长 160.59% 和 16.19%。具体如图 3-35 和图 3-36 所示。

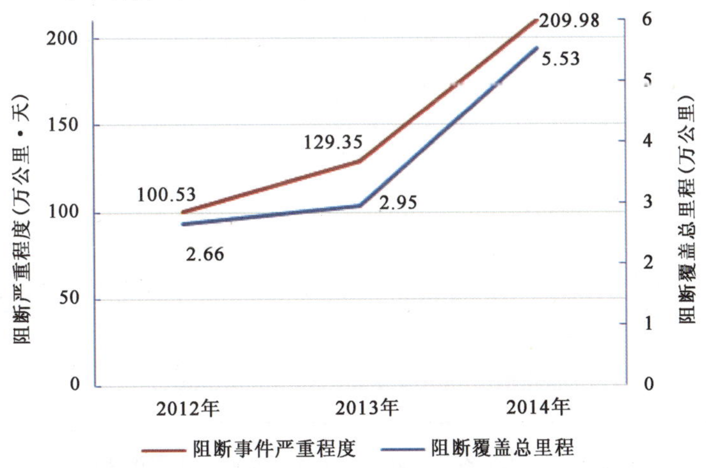

图 3-35　2012～2014 年全国阻断事件阻断特性数据对比

⑯阻断事件严重程度:指区域路网中路段的阻断里程与阻断时间乘积之和,单位为万公里·天。阻断严重度是反映公路网阻断事件严重程度及造成损失的指标,反映了公路网阻断事件带来的损失情况,数值越大,说明损失越高。

⑰阻断事件重复系数:指某一区域内路网累计阻断里程与公路网总里程的比值。重复系数反映了公路网中阻断事件重复发生的频率,比值越大,说明某路段或区域发生阻断事件越多。

⑱阻断事件覆盖率:指某一区域内路网阻断里程与公路网总里程的比值。覆盖率反映了公路网中阻断事件覆盖范围的大小,比值越大说明事件影响覆盖范围越广。

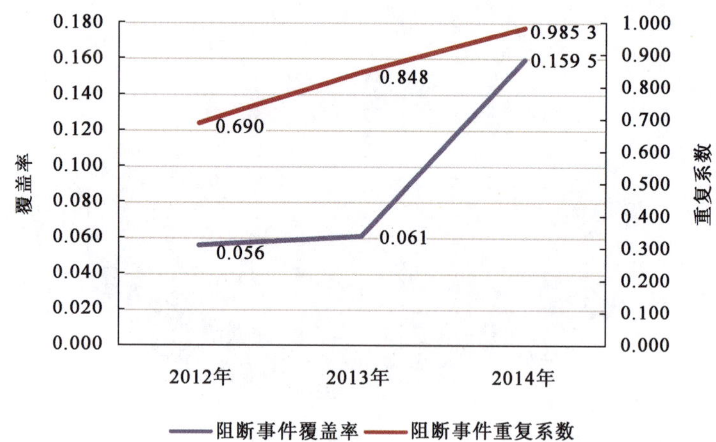

图 3-36　2012～2014 年全国阻断事件阻断特性数据对比

从各省域阻断事件严重程度分析，山东省阻断严重程度最高，为 59.16 万公里·天，较 2013 年增加非常明显；其次为甘肃、江苏、辽宁、重庆、山西等省（市）。具体如表 3-2、表 3-3所示。

2014 年省域公路阻断事件严重度情况　　表 3-2

序号	省　份	阻断事件严重度（万公里·天）	严重程度
1	山东	59.16	很高
2	甘肃	20.16	较高
3	江苏	12.19	较高
4	辽宁	11.94	较高
5	重庆	11.77	较高
6	山西	11.28	较高
7	江西	8.50	较高
8	新疆	7.99	较高
9	四川	6.35	较高
10	安徽	5.62	较高

2013～2014 年省域公路阻断事件严重度对比变化情况　　表 3-3

序号	省　份	2014 年阻断严重程度（万公里·天）	2013 年阻断严重程度（万公里·天）
1	山东	59.16	2.37
2	甘肃	20.16	7.58
3	江苏	12.19	12.96
4	辽宁	11.94	10.68
5	重庆	11.77	8.73

续上表

序号	省　份	2014年阻断严重程度(万公里·天)	2013年阻断严重程度(万公里·天)
6	山西	11.28	4.99
7	陕西	10.93	27.47
8	江西	8.50	3.99
9	新疆	7.99	4.61
10	四川	6.35	0.96
11	安徽	5.62	2.45
12	北京	5.46	4.105
13	湖南	4.69	5.30
14	河北	4.44	8.06
15	内蒙古	4.26	1.18
16	河南	3.53	0.91
17	天津	3.48	1.88

从阻断事件影响范围分析，阻断事件覆盖率较高的分别为天津、山东、北京、江西和山西等省(市)，覆盖率分别为0.56、0.36、0.36、0.35和0.33。具体如表3-4、表3-5所示。

2014年阻断事件覆盖率较高的省份　　表3-4

序号	省　份	总里程(km)	覆盖里程(km)	覆盖率
1	天津	3 692	2 063	0.56
2	山东	25 038	8 985	0.36
3	北京	3 537	1 259	0.36
4	江西	15 372	5 409	0.35
5	山西	17 066	5 629	0.33
6	江苏	13 936	4 335	0.31
7	重庆	11 722	2 880	0.25
8	新疆	25 274	5 716	0.23
9	浙江	10 609	2 356	0.22
10	宁夏	4 605	977	0.21
11	河南	23 836	4 633	0.19
12	上海	1 660	304	0.18
13	四川	21 656	3 840	0.18
14	河北	22 730	3 502	0.15
15	甘肃	13 720	2 068	0.15

2012～2014年省域公路阻断事件覆盖率对比情况　　表3-5

序号	省　份	2014年覆盖率	2013年覆盖率	2012年覆盖率
1	天津	0.56	0.10	0.11
2	山东	0.36	0.04	0.04
3	北京	0.36	0.08	0.07
4	江西	0.35	0.12	0.01
5	山西	0.33	0.09	0.07
6	江苏	0.31	0.10	0.10
7	重庆	0.25	0.11	0.11
8	新疆	0.23	0.06	0.05
9	浙江	0.22	0.08	0.04
10	宁夏	0.21	0.08	0.00
11	河南	0.19	0.02	0.02
12	上海	0.18	0.18	0.11
13	四川	0.18	0.08	0.06
14	河北	0.15	0.04	0.05
15	甘肃	0.15	0.05	0.04

从阻断事件重复频率分析，阻断事件重复系数较为高的分别为天津、山西、北京、山东、江苏、江西等省（市），重复指数分别为6.10、4.29、3.47、2.58、2.28和2.13。具体如表3-6、表3-7所示。

2014年阻断空间重复指数较高的省份　　表3-6

序号	省　份	总里程(km)	累积阻断里程(km)	重复指数
1	天津	3 691.52	22 530.62	6.10
2	北京	3 536.88	12 265.06	3.47
3	江苏	13 936.18	31 758.46	2.28
4	山西	17 065.86	73 140.01	4.29
5	河北	22 730.27	42 794.97	1.88
6	吉林	13 573.31	7 531.31	0.55
7	山东	25 037.53	64 530.46	2.58
8	江西	15 372.01	32 671.16	2.13
9	湖北	18 293.12	13 387.11	0.73
10	黑龙	16 140.09	13 135.37	0.81
11	上海	1 659.95	812.99	0.49
12	重庆	11 721.79	13 360.59	1.14

续上表

序号	省　份	总里程(km)	累积阻断里程(km)	重复指数
13	四川	21 656.10	24 551.05	1.13
14	辽宁	16 326.18	12 941.98	0.79
15	安徽	13 015.10	7 417.14	0.57

2012～2014 年省域公路阻断事件重复指数对比情况 表 3-7

序号	省　份	2014 年重复指数	2013 年年重复指数	2012 年重复指数
1	天津	6.10	4.86	3.92
2	北京	3.47	3.61	2.38
3	江苏	2.28	3.44	2.05
4	山西	4.29	2.76	3.47
5	河北	1.88	1.91	1.61
6	吉林	0.55	1.71	1.00
7	山东	2.58	1.69	1.60
8	江西	2.13	1.24	0.02
9	湖北	0.73	1.11	0.57
10	黑龙江	0.81	1.03	0.56
11	上海	0.49	1.02	0.39
12	重庆	1.14	0.89	1.07
13	四川	1.13	0.87	0.30
14	辽宁	0.79	0.65	1.02
15	安徽	0.57	0.59	0.47

第四章 全国干线公路网运行状况综合评价

一、全国干线公路网运行状况评价

根据2014年度全国干线公路网基础设施运行状况和交通运行状况的综合评价分析,2014年全国干线公路网综合运行指数⑲为54,处于中等偏上水平,同比2011~2013年有不同程度的下降。其中,全国干线公路网技术状况为良等水平,同比2011~2013年持续下降;阻断严重程度(路网阻断率⑳)处于较高水平,同比2011年略有下降,同比2012和2013年有较大幅度增加;路网拥挤度处于基本畅通水平,同比2011~2013年持续小幅下降。2014年全国干线公路网运行状况评价结果及与2011~2013年对比情况如表4-1所示。

2011~2014年全国干线公路网运行状况评价结果 表4-1

年份	技术状况㉑		阻断程度	拥挤程度	路网综合运行指数
	DR(%)	IRI(m/km)	阻断率(%)	拥挤度(%)	
2011	0.80	2.33	1.38	22.8(19.0)	55
2012	2.76	2.68	0.37	18.0	67
2013	2.91	2.72	0.72	17.0	58
2014	4.74	2.71	1.15	16.2	54

⑲路网综合运行指数:参照《公路网运行监测与服务暂行技术要求》中路网综合运行指数的计算方法,采用模糊综合评价法,技术状况、阻断程度和拥挤程度三项评价指标,其权重分别为0.4、0.4和0.2。路网综合运行指数的值域为[0,100],数值越大,表明路网运行状况越好。

⑳通道或路网阻断率:通道或路网累计阻断时间与累计阻断里程的乘积占评价周期(时长)与通道或路网总里程乘积的比例。

㉑2011年技术状况是指国检的全国干线公路的路面技术状况平均值。2012、2013和2014年技术状况是指全国抽检的普通干线公路的路面技术状况平均值。

从全国路网运行状况综合评价结果来看,2014 年路网综合运行指数同比 2011 ~ 2013 年下降的主要原因是路网阻断严重程度大幅增加,同时,路网技术状况比往年持续下降。

从技术状况单项指标分析,2014 年度全国干线公路技术状况同比 2011 年有较大幅度下降,同比 2012 年和 2013 年略有下降。其中,路面破损率指标下降幅度较大,平整度指标略有下降。从阻断程度单项指标分析,2014 年度全国干线公路网阻断严重程度同比 2011 年有一定程度降低,但同比 2012 年和 2013 年大幅增加,主要表现在公路阻断事件的数量以及阻断事件持续时间均大幅增加,尤其是雾霾等恶劣天气的影响比往年更加严重,公路受此影响反复封闭或拥堵的严重程度比往年大幅增长。从拥挤程度单项指标分析,2014 年度全国干线公路网交通拥挤程度同比 2011 ~ 2013 年持续小幅下降,货车比例持续降低。

二、区域路网运行状况评价

2014 年,全国东、中、西部地区路网综合运行指数分别为 49、58 和 56,同比 2012 年和 2013 年均有不同程度下降。其中,中部地区和西部地区路网整体运行状况较好,达到中上水平,东部地区路网整体运行状况为中等偏下水平。

东部地区路网技术状况同比往年明显下降,由优等水平降为良等水平,其中,路面破损率指标下降幅度较大,平整度指标下降幅度较小;拥挤度保持在轻度拥堵水平,同比往年小幅下降,货车比例持续下降;阻断严重程度大幅增加,从较高水平上升至很高水平,主要表现在阻断事件数量大幅增加,雾霾等恶劣天气和车流量大导致的阻断事件增幅明显,占比较高。

中部地区路网技术状况保持在良等水平,同比往年持续下降,其中,路面破损率指标下降幅度较大,平整度指标下降幅度较小;拥挤度保持在基本畅通水平,同比往年持续下降,货车比例持续下降;阻断严重程度同比往年持续增加,从中等水平上升至较高水平,主要表现在阻断事件数量大幅增加,雾霾等恶劣天气和车流量大导致的阻断事件占比较高。

西部地区路网技术状况保持在良等水平,同比往年持续下降,其中,路面破损率指标下降幅度较大,平整度指标下降幅度较小;拥挤度保持在基本畅通水平,同比往年略有下降,货车比例持续下降;阻断严重程度同比往年持续增加,处于较高水平,主要表现在公路养护施工等计划性阻断事件占比较高,阻断持续时间较长,雾霾导致的阻断事件也较为突出。

2014 年,东、中、西部地区公路网运行状况评价结果及与 2011 ~2013 年对比情况如表 4-2 所示。

2011 ~2014 年东、中、西部路网运行状况评价结果汇总表 表 4-2

年份	区域路网	技术状况		阻断程度	拥挤程度	路网综合运行指数	评价等级
		DR(%)	IRI(m/km)	阻断率(%)	拥挤度(%)		
2011	东部	0.42	1.90	0.82	25	54	中上
	中部	0.69	2.40	0.58	19.7	58	中上
	西部	1.17	2.61	2.53	14.3	47	中下
2012	东部	1.46	2.02	0.52	23.4	61	良
	中部	2.58	2.76	0.26	16.5	70	良
	西部	3.52	3.05	0.35	14.6	67	良
2013	东部	1.15	2.00	0.87	24.5	56	中上
	中部	3.72	2.85	0.42	16.5	65	良
	西部	3.38	3.02	0.91	15.0	56	中上
2014	东部	3.06	2.30	2.01	24.1	49	中下
	中部	5.26	3.00	0.64	12.3	58	中上
	西部	5.23	2.72	0.96	13.2	56	中上

三、主要运输通道运行状况评价

2014 年,根据对京哈、京沪、京港澳、长深、连霍、沪蓉等六条主要运输通道的运行指数分析,各条通道的运行状况均处于良等水平。从 2011 ~2014 年各条通道的运行状况发展态势来看,六条主要运输通道的运行状况与往年基本持平。其中,通道中的高速公路运行状况呈略微下降趋势,普通公路的运行状况呈小幅波动态势。上述各主要运输通道受恶劣天气影响普遍较大,其中以严重雾霾天气影响最大。京哈、京沪、京港澳、长深、连霍和沪蓉通道因雾霾引发的阻断事件分别占到阻断事件总数的 38%、29%、18%、51%、18% 和 26%,其中,京港澳通道因雾霾引发的阻断事件占比同比 2013 年上升,长深通道因雾霾引发的阻断事件占比与 2013 年持平,其余通道因雾霾引发的阻断事件占比同比 2013 年有不同程度下降。六条主要运输通道的运行状况评价结果见附表 C“重要通道运行状况评价结果汇总表”。

从技术状况单项指标分析,除连霍通道中的普通公路技术状况处于中等水平外,其他通道的公路技术状况均达到优等或良等水平。其中,京哈通道中的高速公路和长深通道中的普通公路技术状况与往年的优等水平相比,技术状况下降为良等。沪蓉通道中的普通公路技术状况与往年的良等水平相比，技术状况提升为优等。从2011～2014年各条通道的技术状况发展态势来看，六条主要运输通道中的高速公路技术状况呈略微下降趋势，普通公路的技术状况呈小幅波动态势。从六条通道技术状况的空间分布看，局部路段的技术状况相对较差，长深通道的G101辽宁段、连霍通道的G310安徽段和G312甘肃段的技术状况处于中等水平，连霍通道的G312新疆段处于次等水平。沪蓉通道的G312安徽段和G318重庆段技术状况有明显改善，从往年的中等水平提升为优等水平。

从拥挤程度单项指标分析，京哈、京沪和京港澳通道的拥挤程度相对较高，达到轻度或中度拥堵水平，其中，京沪通道的高速公路和京港澳通道的普通公路达到中度拥堵水平。长深、连霍和沪蓉通道的拥挤程度相对较低，除长深通道的普通公路处于轻度拥堵水平外，其他通道公路均处于基本畅通水平。六条通道的货车比例均较高，其中，京哈高速的货车比例达到50%以上，连霍通道的货车比例达到40%以上。沪蓉通道的货车比例相对较低，为30%左右。从2011～2014年各条通道的拥挤程度发展态势来看，六条主要运输通道的拥挤程度和货车比例与往年基本持平，其中，京沪通道中的高速公路和京港澳通道中的普通公路拥挤度同比往年有所增加，沪蓉通道中的普通公路拥挤度同比往年有所降低。从六条通道拥挤程度的空间分布看，局部路段拥挤度很高，京哈通道的G102北京段、京沪通道的G2北京段、G2江苏段、G2上海段、G104北京段、G312上海段、京港澳通道的G4北京段和长深通道的G205广东段达到严重拥堵水平。以上局部拥堵路段的严重拥堵状况已持续2～3年，其中京港澳通道的G4北京段和京沪通道的G312上海段虽仍为严重拥堵，但拥挤度指标值大幅度增高，拥堵情况持续加重。大部分局部拥挤度较高的路段货车比例普遍相对较低，主要是客车流量较大。

从阻断程度单项指标分析，六条主要运输通道的高速公路阻断严重程度（包括阻断里程和阻断时间）均较高，京哈通道和连霍通道中的普通公路阻断严重程度较高，其他通道的普通公路阻断严重程度较低。从2011～2014年各条通道的阻断程度发展态势来看，六条主要运输通道的高速公路阻断严重程度维持在很高水平，普通公路的阻断严重程度波动幅度较大，如京哈通道和连霍通道中的普通公路阻断严重程度从往年的较低水平上升为很高水平，京沪通道中的普通公路阻断严重程度从往年的较高水平下降为较低水平。从六条通道阻断情况的空间分布看，局部路段阻断情况突出，京哈通道的G1天津段、G102天津和辽宁段、京沪通道的G2山东段、京港澳通道的G4北京和湖南段、G107北京段、长深通道的G25山东段、连霍通道的G30安徽段、G310江苏和陕西段、沪蓉通道的G42重庆段和G318重庆段阻断严重程度很高。

四、重要路段运行状况评价

2014 年,全国干线公路网交通流量较大或突发事件较多的 20 条代表性路段的运行状况分析,以及与 2011 ~2013 年的对比情况如表 4-3 所示。

2014 年重要路段运行状况评价结果汇总表 表 4-3

序号	路线编号	路段名称	阻断程度		拥挤程度	
			累计阻断时间(h)	阻断事件特征	拥挤度㉒	交通流特征
1	G1	河北秦皇岛段	375.12	全年共上报阻断事件 61 起,其中计划性事件 3 起,突发性事件 58 起。主要由车辆交通事故、恶劣天气和车流量大引发,分别占突发性事件总量的 48%、26% 和 24%	0.831	年均拥挤度为中度拥堵水平,2011 ~2013 年呈现明显的持续增长趋势,2014 年略有下降。货车比例高达 61.5%
2	G2	北京段	789.88	全年共上报阻断事件 222 起,其中计划性事件 3 起,突发性事件 219 起,主要由车流量大引发,占突发性事件总量的 85%。阻断事件数量比 2013 年有大幅增加	1.351	年均拥挤度达到严重拥堵水平,与 2013 年基本持平。货车比例较高
3	G4	北京段	5 621.72	全年共上报阻断事件 24 起,其中计划性事件 2 起,突发性事件 22 起,主要由车辆交通事故和车流量大造成,分别占突发性事件总量的 45% 和 50%。阻断事件数量比 2013 年大幅减少	2.045	年均拥挤度达到严重拥堵水平,比 2013 年有明显增长
4	G4	湖南郴州段	491.62	全年共上报阻断事件 16 起,其中计划性事件 1 起,突发性事件 15 起。主要由车辆交通事故造成,占突发性阻断事件总量的 67%。阻断事件数量比 2011 ~2013 年有明显减少	0.789	年均拥挤度处于轻度拥堵水平,比 2011 ~2013 年有明显增长。货车比例高达 54%
5	G4	广东韶关段	7 345.38	全年共上报阻断事件 204 起,其中计划性事件 20 起,突发性事件 184 起。主要由交通事故造成,占突发性阻断事件总量的 90%。发生 2 起危险品泄漏事件。阻断事件数量从 2011 年开始逐年增加	0.428	年均拥挤度处于基本畅通水平,比 2011 年和 2012 年有明显下降,比 2013 年略有下降。货车比例高达 64.7%

㉒路段拥挤度:指路段年平均日交通量与路段适应交通量的比值。

续上表

序号	路线编号	路段名称	阻断程度		拥挤程度	
			累计阻断时间(h)	阻断事件特征	拥挤度	交通流特征
6	G60	湖南湘潭段	2 551.68	全年共上报阻断事件81起，其中计划性事件9起，突发性事件72起。主要由车辆交通事故、雾霾和车流量大造成，分别占突发性事件总量的38%、21%和36%。发生1起危险品泄漏事件	0.815	年均拥挤度处于中度拥堵水平，从2011年开始呈现明显的持续增长趋势。货车比例较高
7	G65	重庆武隆段	13 239	全年共上报阻断事件364起，其中计划性事件317起，突发性事件47起。计划性施工养护占阻断事件总量的86%，且多为桥隧养护事件	0.213	年均拥挤度处于畅通水平，从2011年开始呈现小幅持续增长。货车比例较高
8	G72	广西南宁段	224.8	全年共上报阻断事件2起，均为突发性事件。与2011年和2013年相比有明显减少	0.563	年均拥挤度处于基本畅通水平，从2011年开始呈现小幅持续增长趋势。货车比例较高
9	G108	四川成都段	—	—	0.445	年均拥挤度处于基本畅通水平，从2011年开始呈现明显的持续下降趋势。货车比例较高
10	G108	云南楚雄段	—	全年共上报阻断事件1起，为计划性事件	—	—
11	G110	北京段	—	全年共上报阻断事件29起，其中计划性事件1起，突发性事件28起。主要由车辆交通事故引发，占突发性事件总量的71%。发生5起危险品泄露事件	0.482	年均拥挤度处于基本畅通水平，比2011年和2013年略有下降，与2012年基本持平。货车比例高达50.9%
12	G205	广东惠州段	—	—	2.064	年均拥挤度达到严重拥堵水平，比2011~2013年有明显增长。货车比例较高
13	G208	山西长治段	—	—	2.046	年均拥挤度达到严重拥堵水平，比2013年略有下降。货车比例高达60.9%
14	G209	河南三门峡段	—	—	0.582	年均拥挤度达到基本畅通水平，比2013年的严重拥堵水平有明显下降。货车比例较高

续上表

序号	路线编号	路段名称	阻断程度		拥挤程度	
			累计阻断时间(h)	阻断事件特征	拥挤度	交通流特征
15	G209	广西来宾段	—	—	0.972	年均拥挤度达到中度拥堵水平,比2011~2013年略有增长。货车比例较高
16	G213	云南昆明段	1 920	全年共上报阻断事件1起,为计划性事件	3.181	年均拥挤度达到严重拥堵水平,比2013年略有下降。货车比例高达46.2%
17	G214	云南大理段	7 743.33	全年共上报阻断事件6起,其中计划性事件3起,突发性事件3起,突发性事件均为车辆交通事故	0.408	年均拥挤度达到基本畅通水平,比2013年的严重拥堵水平有明显下降。货车比例较高
18	G215	甘肃酒泉段	—	—	1.542	年均拥挤度达到严重拥堵水平,比2013年略有下降
19	G324	广东肇庆段	—	—	0.902	年均拥挤度处于轻度拥堵水平,比2012年略有下降,较2013年略有增长。货车比例较高
20	G324	福建泉州段	—	全年共上报阻断事件4起,全部为计划性公路养护施工事件	3.067	年均拥挤度达到严重拥堵水平,较2013年有明显增长。货车比例较高

注:表中"—"表示该路段未上报阻断事件或没有交通量统计数据。

五、重点城市出入口运行状况评价

2014年,北京、天津、上海、重庆、南京、杭州、广州、武汉、西安和成都等10个重点城市出入口公路运行状况的分析情况如表4-4所示。其运行状况主要呈现以下特点:

一是重点城市出入口流量普遍增长。除北京、上海和南京出入口流量分别下降9%、11%和5%外,其他城市出入口交通流量均不同程度增长,其中,杭州、武汉出入口流量增长幅度较大,分别增长34%和21%。

二是重点城市出入口进出城流量大致相当。其中,高速公路出入口的流量普遍高于普通公路出入口,只有西安G108灞桥断面的进出城流量高于其他高速公路出入口。

三是部分高速出入口流量较为集中。如京沪高速(G2)上海安亭收费站、宁洛高速(G36)南京长江二桥收费站、京港澳高速(G4)广州收费站和沈海高速广州支线(S15)横沙收费站的流量远大于其他出入口。

四是重点城市出入口发生的阻断多因突发性事件。除重庆的出入口阻断原因以计划性阻断事件为主外,其余城市出入口阻断原因均以突发性阻断事件为主。

2014 年重点城市出入口运行状况评价结果汇总表

表 4-4

序号	城市	出入口	阻断情况		拥挤情况			
			累计阻断时间（h）	阻断事件特征	年平均日交通量（pcu/日）		交通量空间分布特征	拥挤度空间分布特征
					入城	出城		
1	北京	G1 白鹿站	1066.2	G1 和 G4 出入口阻断情况较严重，主要为突发性阻断事件。G107 出入口阻断情况较严重	—	—	北京市主要进出口流量比上年下降 9%，出城流量大于入城流量。交通量最大的是 G1 白鹿断面，最小的是 G107 琉璃河断面。与上年相比，G102 白庙断面进出城交通量均增长 28%，G4 琉璃河南断面入城流量下降较大	北京市主要运输通道进出口中，G104 德茂庄南断面、G102 白庙断面均双向严重拥堵，G4 琉璃河南出城方向、G107 琉璃河出城方向均严重拥堵，G1 白鹿断面双向中度拥堵
		G102 白庙站	635.04		—	—		
		G2 大羊坊站	789.9		23 575	23 328		
		G104 德茂庄南站	—		18 220	15 517		
		G4 玻璃河南站	5 620.8		—	—		
		G107 琉璃河站	6069		8 934	11 329		

续上表

序号	城市	出入口	阻断情况		拥挤情况			
			累计阻断时间（h）	阻断事件特征	年平均日交通量（pcu/日）		交通量空间分布特征	拥挤度空间分布特征
					入城	出城		
2	天津	G2 泗村店站	—	G25 出入口阻断情况较严重，主要为突发性阻断事件，其他出入口未上报阻断事件	16 656	16 183	天津市主要进出口流量比上年平均增长21%。交通量最大的是G25 宁河收费站入城方向，超过30 000pcu/日，最小的是G205 出入城方向，平均流量为7 500pcu/日。G2 泗村店、G18 翟庄子、G112 王庆坨进出城流量较为均衡，基本在16 000pcu/日左右。与上年相比，增长幅度最大的是G2 泗村店、G112 天津出入城方向，增幅超过80%	天津市主要运输通道进出口中，G18 津冀收费站双向均严重拥堵，G112 王庆坨、西堤头双向均为中度拥堵，G25 宁河收费站双向轻度拥堵，其余路段双向均为基本畅通。天津市出入口整体拥堵程度与上年基本持平
		G2 九宣闸站	—		23 747	23 586		
		G18 翟庄子站	—		16 483	17 301		
		G18 冀津站	—		23 843	23 170		
		G25 宁河站	698.7		30 325	26 288		

续上表

序号	城市	出入口	阻断情况		拥挤情况			
			累计阻断时间（h）	阻断事件特征	年平均日交通量（pcu/日）		交通量空间分布特征	拥挤度空间分布特征
					入城	出城		
3	上海	G2 安亭	—	各出入口未上报阻断事件	66 770	49 387	上海市主要进出口流量与上年相比基本持平。其中G312曹安断面流量较上年下降超过50%。交通量最大的是G2安亭断面，出入城方向平均流量为58 000pcu/日，最小的是G318西岑断面，出入城方向平均流量为4 000pcu/日 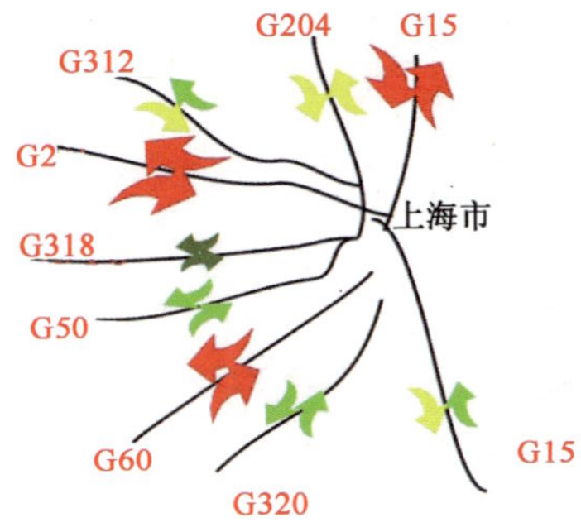	上海市主要运输通道进出口中，G2安亭断面双向、G60枫泾断面双向、G15朱桥断面双向、G204葛隆断面双向、G312曹安断面入城方向为中度拥堵或严重拥堵，其他断面进出城方向为基本畅通或畅通状态。与上年相比，上海市出入口整体拥堵程度略有好转 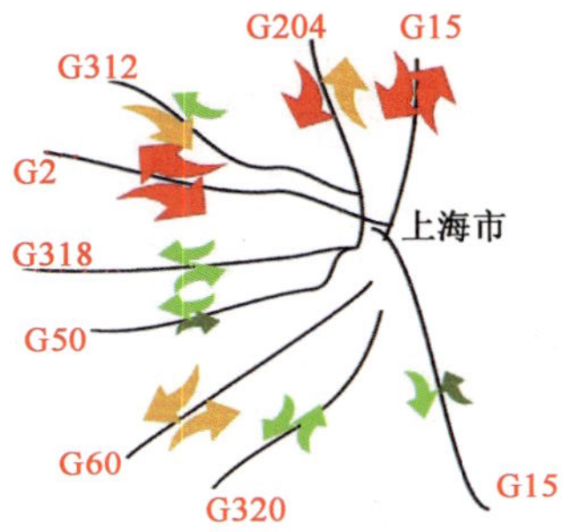
		G50 汾湖	—		12 333	14 532		
		G60 枫泾	—		35 893	36 148		
		G15 朱桥	—		46 917	48 047		
		G15 金山卫	—		10 820	16 482		
		G204 葛隆	—		19 382	10 158		
		G312 曹安	—		17 785	6 285		
		G318 西岑	—		4 901	3 840		
		G320 亭枫	—		9 227	8 964		

续上表

<table>
<tr><th rowspan="3">序号</th><th rowspan="3">城市</th><th rowspan="3">出入口</th><th colspan="2">阻断情况</th><th colspan="4">拥挤情况</th></tr>
<tr><th rowspan="2">累计阻断时间（h）</th><th rowspan="2">阻断事件特征</th><th colspan="2">年平均日交通量（pcu/日）</th><th rowspan="2">交通量空间分布特征</th><th rowspan="2">拥挤度空间分布特征</th></tr>
<tr><th>入城</th><th>出城</th></tr>
<tr><td rowspan="3">4</td><td rowspan="3">重庆</td><td>G50
江北</td><td>—</td><td rowspan="3">阻断事件以计划性阻断事件为主，占全部阻断事件的71.4%</td><td>15 660</td><td>15 545</td><td rowspan="3">重庆市主要进出口流量与上年基本持平。G65 巴南断面进出城流量较上年增长 26%。交通量最大的是 G85 九龙坡断面，出入城方向流量均超过 20 000pcu/日，最小的是 G319 重庆出口潼南塘坝断面，断面流量为7 550pcu/日</td><td rowspan="3">重庆市主要运输通道进出口中，G85 九龙坡断面双向达到严重拥堵，G319 重庆出口潼南塘坝断面双向基本畅通，其余出入口断面均轻度拥堵。与上年相比，G212 兰海高速合川合隆断面拥堵情况好转，G65 巴南断面略有加剧，其余路段拥堵程度基本持平</td></tr>
<tr><td>G65
巴南</td><td>49 686.6</td><td>13 632</td><td>13 572</td></tr>
<tr><td>G85
九龙坡</td><td>—</td><td>22 030</td><td>21 935</td></tr>
</table>

续上表

<table>
<tr><th rowspan="3">序号</th><th rowspan="3">城市</th><th rowspan="3">出入口</th><th colspan="2">阻断情况</th><th colspan="4">拥挤情况</th></tr>
<tr><th rowspan="2">累计阻断时间（h）</th><th rowspan="2">阻断事件特征</th><th colspan="2">年平均日交通量（pcu/日）</th><th rowspan="2">交通量空间分布特征</th><th rowspan="2">拥挤度空间分布特征</th></tr>
<tr><th>入城</th><th>出城</th></tr>
<tr><td rowspan="8">5</td><td rowspan="8">南京</td><td>G36
南京长江二桥</td><td>—</td><td rowspan="8">G2501 出入口的阻断事件主要为突发性阻断事件，其他出入口未上报阻断事件</td><td>43 207</td><td>43 282</td><td rowspan="8">南京市主要进出口流量与上年基本持平。各高速公路进出口流量较上年平均增长13.8%，而普通干线进出口流量平均下降17.6%。G2501 长江四桥、G25 苏浙主线站断面流量较上年增长较快，G36 长江二桥、G42 马群主线站、G104 花旗断面和 G312 星甸断面进出城方向流量较上年平均下降 20%。交通量最大的是 G36 南京长江二桥断面，出入城方向流量均超过 43 000pcu/日，最小的是 G104 花旗断面，出入城方向流量在 7 300pcu/日左右 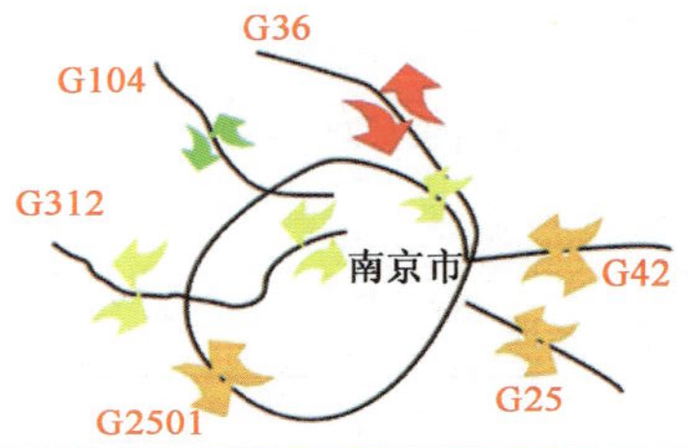</td><td rowspan="8">南京市主要运输通道进出口中，G36 南京长江二桥断面严重拥堵，G104 花旗断面和 G312 星甸、浦珠断面均达到中度拥堵程度，G2501 长江三桥双向轻度拥堵，其余断面进出城基本畅通。与上年相比，南京市出入口整体拥堵程度基本持平 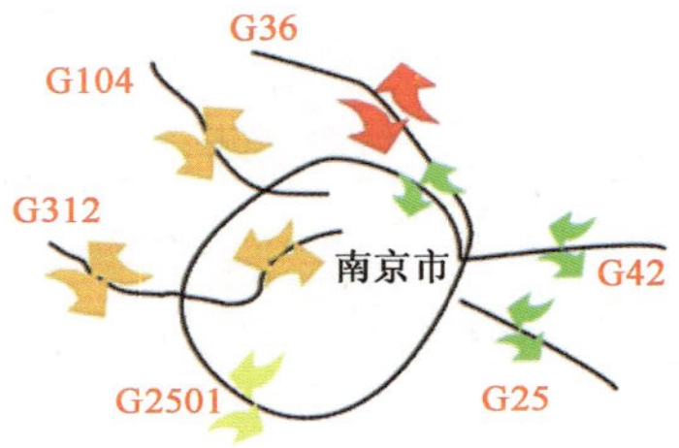</td></tr>
<tr><td>G2501
南京长江三桥</td><td rowspan="2">434.8</td><td>28 907</td><td>28 820</td></tr>
<tr><td>G2501
南京长江四桥</td><td>17 857</td><td>17 292</td></tr>
<tr><td>G42
马群主线站</td><td>—</td><td>22 695</td><td>24 652</td></tr>
<tr><td>G25
苏浙主线站</td><td>—</td><td>22 257</td><td>22 633</td></tr>
<tr><td>G104
花旗交调点</td><td>—</td><td>7 023</td><td>7 552</td></tr>
<tr><td>G312
浦珠交调点</td><td>—</td><td>16 965</td><td>14 726</td></tr>
<tr><td>G312
星甸收费站</td><td>—</td><td>17 075</td><td>16 068</td></tr>
</table>

续上表

序号	城市	出入口	阻断情况		拥挤情况			
			累计阻断时间（h）	阻断事件特征	年平均日交通量（pcu/日）		交通量空间分布特征	拥挤度空间分布特征
					入城	出城		
6	杭州	S2 杭州	—	G2501 出入口受突发性阻断事件影响较严重，其他出入口未上报阻断事件	25 218	22 862	杭州市主要进出口流量较上年增长25%，除了G104余杭收费站入城流量与上年基本持平以外，其余出入口流量均有不同程度增长。增长幅度最大的是G104余杭收费站出城方向，增幅达到70%。交通量最大的是G25南庄兜断面，出入城方向平均流量达到34 000pcu/日 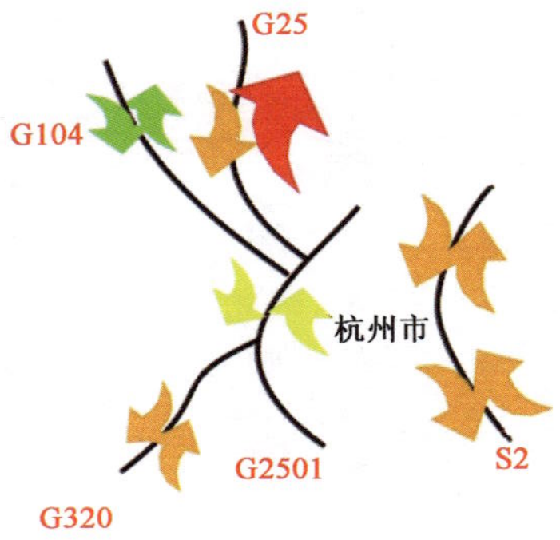	杭州市主要运输通道进出口中，S2、G25南庄兜、G320杭富收费站出入城断面均达到严重拥堵，G2501三墩进出城方向为轻度拥堵，G104余杭收费站入城方向中度拥堵、出城方向轻度拥堵。与上年相比，杭州市出入口整体拥堵程度加剧 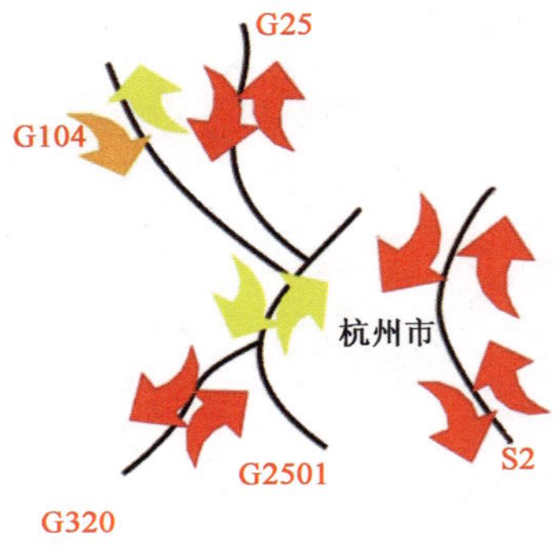
		S2 德胜	—		26 425	23 778		
		G2501 三墩	762.35		18 652	17 058		
		G25 南庄兜	—		28 385	39 740		
		G104 余杭收费站	—		14 833	13 077		
		G320 杭富（杭州）收费站	—		22 453	20 521		

续上表

序号	城市	出入口	阻断情况		拥挤情况			
			累计阻断时间（h）	阻断事件特征	年平均日交通量（pcu/日）		交通量空间分布特征	拥挤度空间分布特征
					入城	出城		
7	广州	S15 横沙（广佛）站	—	G4 出入口受突发性阻断事件影响较严重，其他出入口未上报阻断事件	56 734	55 009	广州市 G4 广州收费站与 S15 横沙收费站进出城交通量均超过 50 000pcu/日。与上年相比，S15 横沙收费站入城方向、G4 广州收费站出城方向平均增长 7.8% 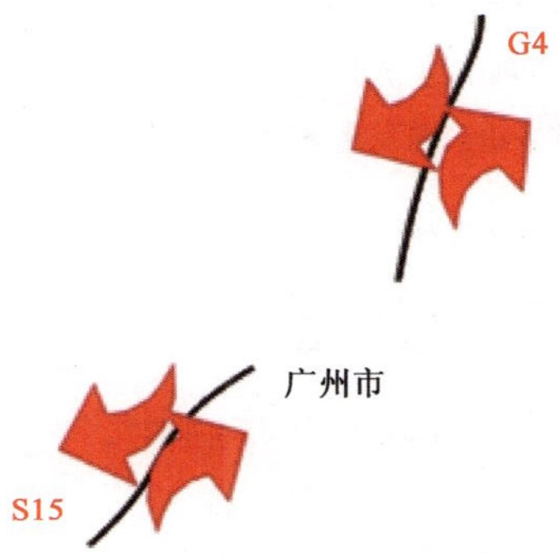	广州市 G4 广州收费站与 S15 横沙收费站双向均达到严重拥堵。两个收费站拥堵程度与上年基本持平 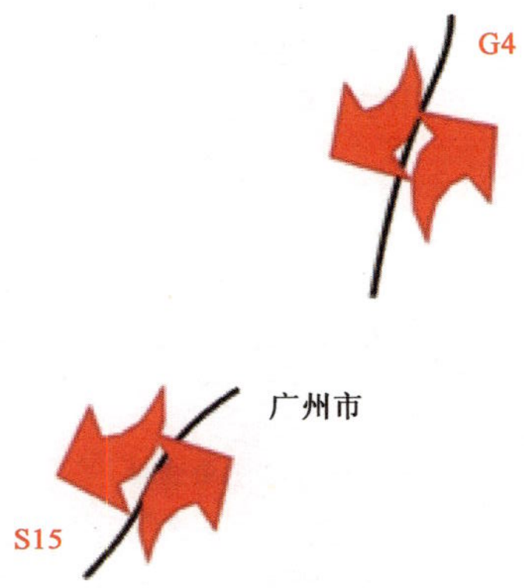
		G4 广州（广深）站	1 177.1		54 587	58 191		

续上表

序号	城市	出入口	阻断情况		拥挤情况			
			累计阻断时间（h）	阻断事件特征	年平均日交通量（pcu/日）		交通量空间分布特征	拥挤度空间分布特征
					入城	出城		
8	武汉	G4 武汉西	1 556.6	G4 出入口受突发性阻断事件影响较严重，其他出入口未上报阻断事件	7 622	7 939	武汉市主要进出口流量继续保持增长态势，较上年平均增长 24%，G70 武东断面出城方向、S1 府河断面入城方向、S15 琴台断面出城方向交通量有所下降，其余断面均增长幅度较大。交通量最大的是 G4 武汉北断面，流量为 33 820pcu/日。交通量最小的是 G42 东西湖断面，流量为 6 535pcu/日 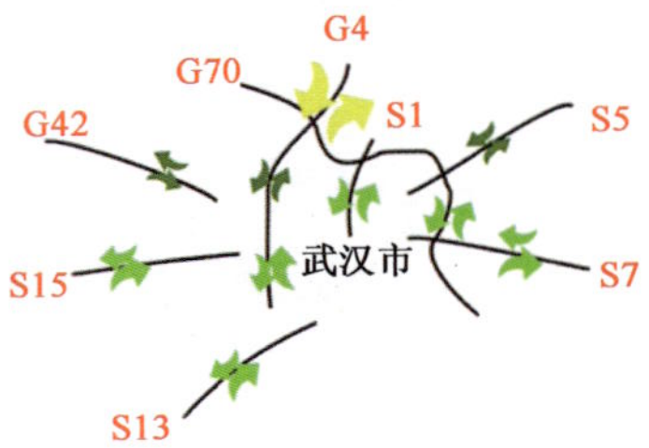	武汉市主要运输通道进出口中，除了 G4 武汉北双向和 S1 府河断面出城方向为轻度拥堵，其余进出口路段均达到基本畅通或畅通状态。武汉市出入口整体拥堵程度与上年基本持平 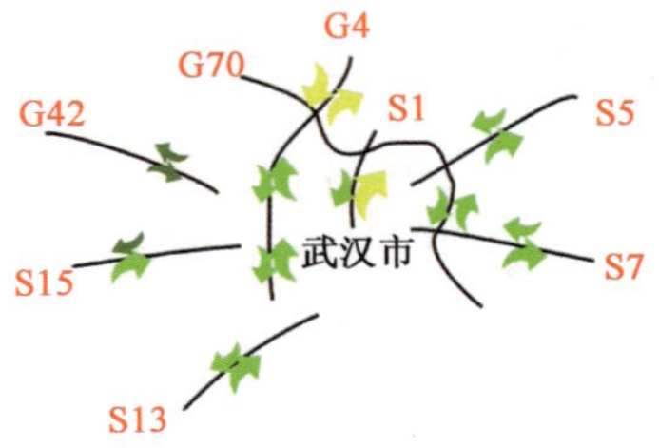
		G4 武汉北			17 134	16 686		
		G4 蔡甸			8 960	9 737		
		G42 东西湖	—		3 351	3 184		
		G70 武东	—		10 234	9 819		
		S1 府河	—		11 987	14 510		
		S5 青龙	—		10 075	10 862		
		S7 龚家岭	—		12 545	12 648		
		S13 小军山	—		9 684	9 506		
		S15 琴台	—		7 849	7 063		

续上表

<table>
<tr><th rowspan="3">序号</th><th rowspan="3">城市</th><th rowspan="3">出入口</th><th colspan="2">阻断情况</th><th colspan="4">拥挤情况</th></tr>
<tr><th rowspan="2">累计阻断时间(h)</th><th rowspan="2">阻断事件特征</th><th colspan="2">年平均日交通量(pcu/日)</th><th rowspan="2">交通量空间分布特征</th><th rowspan="2">拥挤度空间分布特征</th></tr>
<tr><th>入城</th><th>出城</th></tr>
<tr><td rowspan="8">9</td><td rowspan="8">西安</td><td>G108 灞桥</td><td>—</td><td rowspan="8">—</td><td colspan="2">36 183</td><td rowspan="8">西安市主要进出口流量较上年平均增长12%,各高速公路进出口流量较上年平均增长13%,普通干线进出口流量较上年平均增长10%。增长幅度最大的是 G108 灞桥断面。交通量最大的是 G70 六村堡断面出城方向,流量为 34 839cu/日。交通量最小的是 G312 蓝田断面,断面流量为 6 293pcu/日</td><td rowspan="8">西安市主要运输通道进出口中,除了 G312 蓝田断面、双照断面和 G70 香王断面为畅通以外,其余进出口路段均达到轻度拥堵或中度拥堵状态,G108 涝店断面更达到严重拥堵。西安市出入口整体拥堵程度与上年基本持平</td></tr>
<tr><td>G108 涝店</td><td>—</td><td colspan="2">29 370</td></tr>
<tr><td>G312 蓝田</td><td>—</td><td colspan="2">6 293</td></tr>
<tr><td>G312 双照</td><td>—</td><td colspan="2">13 246</td></tr>
<tr><td>G30 灞桥</td><td>—</td><td>16 848</td><td>14 316</td></tr>
<tr><td>G30 三桥</td><td>—</td><td>16 190</td><td>16 301</td></tr>
<tr><td>G70 香王</td><td>-</td><td>8 844</td><td>8 261</td></tr>
<tr><td>G70 六村堡</td><td>—</td><td>31 824</td><td>34 839</td></tr>
</table>

续上表

序号	城市	出入口	阻断情况		拥挤情况			
			累计阻断时间(h)	阻断事件特征	年平均日交通量(pcu/日)		交通量空间分布特征	拥挤度空间分布特征
					入城	出城		
10	成都	G5 成雅	137.45	G5 出入口受突发性阻断事件影响较严重	29 706	29 503	成都市 G5 成雅断面和 G42 成南断面进出城交通量较上年平均增长 3%。两个断面出入城流量均较为均衡 	G42 成南断面中度拥堵，G5 成雅断面严重拥堵。两个断面拥堵情况与上年基本持平 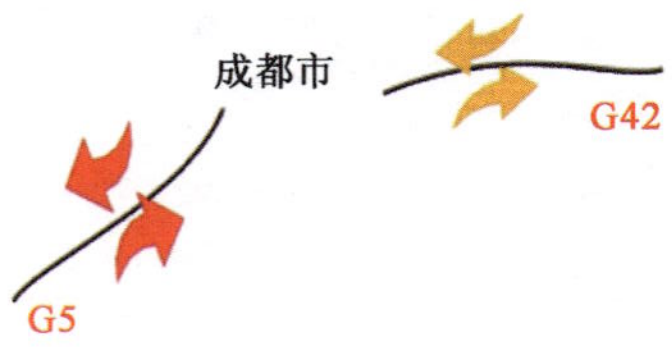
		G42 成南	—		18 631	19 239		

第五章 全国干线公路网运行管理工作情况

2014年是我国干线公路网运行管理工作蓬勃开展的一年。各级交通运输主管部门、公路管理机构高度重视路网运行管理工作,部、省两级路网运行管理体制机制建设进一步加强。经过一年的不断努力,部省联动、部门协作、协调联控的路网运行管理新格局已经初步形成。此外,一年来省级路网运行管理机构组建也取得了新的进展。截至2014年底,全国共有北京、内蒙古、上海、江苏、安徽、重庆、西藏、陕西、新疆、福建、海南、贵州、青海、宁夏、山东等15省(区、市)正式建立了省级路网运行管理机构。一年来,部、省两级路网管理部门继续强化区域路网协调联动机制建设,为实现区域高速公路网突发事件应急联动打下了坚实基础。

一、全国干线公路网运行管理工作情况

2014年是完成"十二五"规划的关键之年,随着我国公路基础设施建设继续平稳快速发展,我国干线公路网运行管理工作也取得了实质性的进展。

(一)全国各省对路网运行管理工作重视程度不断提高

随着我国公路建设稳步开展,全国各个省份对于路网运行管理工作越来越重视,纷纷建立了省级路网运行管理机构。全国各省(区、市)交通运输主管部门、公路管理机构和高速公路经营单位高度重视路网运行管理工作,在组织机构建设、运行管理机制以及服务管理等方面不断创新,切实提高了全国路网运行管理工作的水平,为今后全国路网运行管理工作的顺利开展打下了坚实的基础。

(二)全国范围内全面开展业务体系建设、信息系统联网等工作

2014年以来,各省依托于省级路网运行管理机构积极开展路网运行管理业务体系建设和信息系统联网工作,不断完善路网运行管理机构的体制建设。例如北京市道路路网管理与应急处置中心通过建立路网信息管理平台,实时掌握北京市公路路网运行

状态,并为公众出行提供便捷的路网信息服务,为应急处置、路网监测、公众服务等业务的规范有序开展提供了硬件保障。

(三)全国路网运行监测体系建设取得新进展

2014 年,我国路网运行监测体系建设还取得了很多新进展。顺利完成了 2014 年度国家干线公路网监测项目。各地交通运输管理部门还依托手机信令、卫星遥感、数据挖掘等技术开展路网运行监测工作,并通过与当地气象部门紧密合作,推进路网中心部级平台和省级路网平台建设。

二、地方干线公路网运行管理机构情况

2014 年,全国各省(区、市)交通运输主管部门、公路管理机构和高速公路经营单位高度重视路网运行管理工作,在组织机构、运行机制、系统建设以及服务管理等方面取得了重要成绩。其中,贵州省交通运输厅、青海省交通运输厅、宁夏回族自治区交通运输厅分别成立了省级路网运行管理机构,全面开展省级路网运行管理与服务工作。截至 2014 年底,全国共有北京、上海、江苏、安徽、重庆、西藏、陕西、新疆、贵州、青海、宁夏、山东等 12 省(区、市)建立了省级路网中心机构,且均为事业单位编制。此外,内蒙古、海南、福建也建立了路网运行监测与应急处置机构,全国部分省份(如甘肃)也正在积极筹建省级路网运行管理机构,并已取得一定成果。具体情况见表 5-1。

全国省级路网运行管理机构汇总表 表 5-1

序号	省份	机构名称	行政级别	所属部门	成立时间
1	江苏	路网调度与安全监督办公室(应急办)	正科级	省公路局	1999
2	陕西	陕西省公路局路网调度中心	正处级	省公路局	2006
3	北京	道路路网管理与应急处置中心	正处级	市路政局	2010
4	安徽	路警联合指挥中心	正处级	省交通运输厅	2011
5	海南	海南省交通运输厅信息中心	正处级	省交通运输厅	2011
6	上海	上海市路政局路网监测中心	正处级	市路政局	2012
7	新疆	路网监测与应急处置中心	正处级	区交通运输厅	2012
8	内蒙古	加挂路网中心牌子	正处级	区公路局	2012
9	山东	山东省交通运输厅应急指挥中心	正处级	省交通运输厅	2012
10	西藏	路网监测与应急处置中心	正处级	区交通运输厅	2013
11	重庆	重庆市交通运行监测与应急调度中心	正处级	市交通委	2013
12	福建	福建省普通公路路网运行监测与应急处置中心	正科级	省公路局	2013

续上表

序号	省　份	机 构 名 称	行政级别	所属部门	成立时间
13	贵州	贵州交通信息与应急指挥中心	正处级	省交通运输厅	2014
14	青海	青海省公路网运行监测与应急处置中心	副处级	省交通运输厅	2014
15	宁夏	宁夏路网监测与应急处置中心	正处级	省交通运输厅	2014

北京、天津、河北等25个省(区、市)设立了高速公路联网监控(收费结算)中心,其中大部分均在省级交通主管部门或公路管理部门设立,也有一些在省高速公路集团公司设立。另外,全国部分省(区、市)的交通运输厅(委)下属的信息(通信)中心也承担了部分路网运行信息监测和出行服务的职能。具体详见表5-2。

全国高速公路联网监控(收费结算)中心汇总表 表5-2

序号	省　份	机 构 名 称	所 属 部 门	单位性质
1	北京	首都高速公路发展有限公司信息中心	首都高速公路发展有限公司	企业
2	天津	天津市高速公路联网收费管理中心	天津市高速公路管理处	事业
3	河北	河北省高速公路指挥调度中心	河北省高速公路管理局	事业
4	山西	山西省高速公路信息监控中心	山西省交通运输厅	事业
		山西省高速公路收费管理结算中心	山西省交通运输厅	事业
5	辽宁	辽宁省高速公路指挥调度中心	辽宁省高速公路管理局	事业
6	黑龙江	黑龙江省交通信息通信中心	黑龙江省交通运输厅	事业
7	江苏	江苏省高速公路联网运营管理中心	江苏省交通控股集团公司	企业
8	浙江	浙江省高速公路运行监控中心	浙江省公路管理局	事业
9	福建	福建省高速公路监控中心	福建省高速公路有限责任公司	企业
10	江西	江西省高速公路联网管理中心	江西省交通运输厅	事业
11	山东	山东省交通运输厅高速公路收费结算中心	山东省交通运输厅	事业
12	河南	河南省高速公路联网监控收费通信服务有限公司	河南省交通运输厅	企业
13	湖北	湖北省高速公路联网收费管理中心	湖北省高速公路管理局	事业
14	湖南	湖南省高速公路监控中心	湖南省高速公路管理局	事业
15	广东	广东省高速公路监控中心	广东省交通集团	企业
		广东联合电子服务股份有限公司	广东省国资委	企业
16	重庆	重庆高速公路集团有限公司联网收费结算中心	重庆市高速公路集团有限公司	企业
17	四川	四川省高速公路监控结算中心	四川省交通运输厅	事业
18	贵州	贵州省高速公路联网收费管理中心	贵州省高速公路管理局	事业
19	云南	云南省高速公路联网管理中心	云南省交通运输厅	事业
20	陕西	陕西省高速公路收费管理中心	陕西省交通运输厅	事业
21	甘肃	甘肃省高速公路交通调度指挥总中心	甘肃省高速公路管理局	事业

续上表

序号	省 份	机 构 名 称	所 属 部 门	单位性质
22	青海	青海省高速公路路网监控指挥中心	青海省高等级公路建设管理局	事业
		青海省电子收费管理中心	青海省高等级公路建设管理局	事业
23	宁夏	宁夏交通信息监控中心	宁夏回族自治区交通运输厅	事业
24	上海	上海市路政局路网监测中心	上海市路政局	事业
25	广西	广西壮族自治区高速公路联网收费管理中心	广西高速公路管理局	事业

天津、上海、辽宁、云南等8个省(市)设置了省级普通国省干线监控中心,为省级普通国省干线的安全保障工作打下了坚实的基础,具体详见表5-3。

全国省级普通国省干线监控中心汇总表 表5-3

序号	省 份	机 构 名 称	所 属 部 门	成立时间
1	天津	天津市普通公路信息管理中心	天津市公路处	2007
2	辽宁	辽宁省交通厅公路管理局路网安全中心	辽宁省交通厅公路管理局	2013
3	上海	上海市路政局路网监测中心	上海市路政局	2012
4	云南	云南省公路信息中心	云南省公路局	2014
5	江苏	江苏省公路网管理与应急指挥中心	江苏省交通运输厅公路局	2006
6	福建	福建省普通公路路网监控中心	福建省公路管理局	2011
7	湖北	湖北省公路路网运行监测与应急处置中心	湖北省交通运输厅公路管理局路政管理处	2012
8	新疆	新疆维吾尔自治区公路监控信息中心	新疆维吾尔自治区公路管理局	2010

从省级路网运行管理部门及高速公路联网监控(收费结算)管理单位的主管部门看,第一类是由省级交通运输主管部门(厅、委)直管模式,这类比重不是很大,但却是近年来路网运行管理机构的主要模式之一。第二类是省级高速公路管理部门下属模式,是当前主流的管理模式。第三类就是由高速公路集团(控股)公司管理的委托模式,这类主要在江苏、重庆、广东等经营性高速公路较多的地方。从省级路网运行管理及高速公路联网监控(收费结算)管理单位的职能上看,大部分路网中心、高速公路联网中心具备运行监测、出行服务、应急处置和联网收费的综合职能。此外,有些省将高速公路与普通国省干线公路路网运行管理部门(即路网中心)分别设立。

三、地方干线公路网运行管理工作情况

2014年,各地方路网运行管理业务逐渐扩增,路网运行管理工作成为各省(区、市)公路管理部门开展行业管理的重要业务领域。2014年,各省级路网中心机构、高速公路联网监控(收费结算)中心充分发挥机构优势,利用路网运行相关信息系统与数据资源,

在路网运行监测、突发事件应急处置与出行服务方面开展大量工作,大部分地区顺利开展了联网收费、安全指导与行政监督等路网运行管理业务。

在路网运行监测系统方面,以吉林省为例,吉林省高速公路管理局通信监控中心组织技术团队对原有联网监控系统进行了持续的优化和升级改造。系统由C/S部署结构的专业监控系统和B/S部署结构的通用监控系统两个主要部分构成,其中,C/S主要部署于指挥调度总中心和13个指挥调度分中心,B/S主要通过监控专网实现跨区域的各级管理机构不同业务角色的用户对路网运行环境的监控。

在出行信息服务方面,以云南省为例,云南省交通运输部门推出的"七彩云南·智慧出行"平台包括城市出行、城际出行、城市服务和出行信息等四个系统,以物联网云计算服务平台、WEB网站端和智能手机端等"一云两端"的形式,将原来分散的出行数据集中推送给公众,为公众出行提供综合的交通运输信息,实现前、中、后全程智慧出行。城市出行系统提供公交车站点、线路查询,发布实时路况,便于公众规划公交线路和换乘方案。城际出行系统可提供长途班车的班线信息、余票信息、购票地点查询,方便公众网上购票;发布线路规划、线路导航等信息,驾车人可查到附近的加油站、服务区、道路出入口,还可通过手机进行道路救援请求;及时发布道路气象信息和城市气象信息。城市服务系统能够提供城市路况、汽车检测以及洗车场、加油站、停车场分布情况等信息。出行信息系统可提供昆明市城市道路、全省高速公路路网的实时路况图,还可及时发布公路、铁路、民航等方面的运力、票务等信息。

在应急保障体系建设方面,以黑龙江省为例,加强公路应急救援处置体系建设,完善应急抢险保通工作机制,搞好应急抢险力量建设和物资储备。继续全面完成哈尔滨、齐齐哈尔、佳木斯、鸡西、北安五大区域公路应急救援中心建设,协调落实机构编制和经费,充分发挥引领作用。加强高速公路清障救援服务管理,以市场化救援服务为主,公路管理机构保障性救援为辅,规范市场管理,保证了救援服务质量、效率和合理市场价格。提高了除雪保通工作效率,加大了设备投入力度,提高了机械化水平。

在普通公路网运行管理方面,以江西省为例,积极推进省、市、县三级普通公路路网管理中心机构的组建工作,组建了1个省级普通公路路网管理中心、11个市级普通公路路网管理中心的指挥大厅和机房等建设基本完成,同时在信息化基础条件比较好的14个县级公路分局,试点成立县级普通公路路网管理分中心,将通过统一构建省、市、县三级公路路网管理中心为交通运输部路网管理中心及江西省交通运输厅应急指挥中心提供业务支撑和服务。

四、部省两级路网运行管理平台建设与信息联网情况

部省两级路网运行管理平台的建设与联网是路网中心机构开展路网运行管理业务与工作的重要支撑手段与方式。截至2014年，北京、上海、重庆、江苏等省（市）完成了省级路网平台的一期建设。福建、江西、青海等省份完成了省级路网平台初期建设，进入试运行阶段。为部省两级路网平台联网建设，促进公路交通信息共享与应用打下了坚实的基础。

2014年，国家级公路网监测体系的建设不断完善，交通运输部路网中心在推进国家路网运行监测顶层设计的同时，全国公路数据库建设与数据分析工作也随之取得了积极进展。在北京市交通委路政局将信息科技与公路管理核心业务相融合，开发建设了北京市路网管理平台，在全市普通公路及重要旅游公路沿线布设1 200余套各类外场设备，已经实现了对路网运行的监测与分析，同时通过交通流量与轴载数据统计分析功能实现了18项交通量统计查询功能、16项轴载数据及超限车辆统计查询功能，进一步挖掘利用数据，总结分析路网运行规律，预测路网运行状态的同时，也为公路养护及建设业务的开展提供了数据支撑。

第六章 全国干线公路网运行监测设施建设情况

全国干线公路网运行监测设施,是保障高速公路和重要国省干线公路稳定运行和科学管理的重要支撑系统,是构建"可视、可测、可控、可服务"的部、省两级路网平台的重要基础。近年来,各级交通运输主管部门、公路管理机构和高速公路经营单位建设基础设施安全状态监测、交通量参数监测、视频图像监测、气象监测预警、桥梁隧道健康监测、路堑边坡监测、路堤沉降监测等设施,着力提升公路出行服务水平。

一、全国干线公路网运行监测设施总体情况

截至2014年底,全国干线公路网运行监测系统主要包括突发事件信息人工报送系统[23]和路网运行信息自动化采集系统[24]。其中,突发事件信息人工报送系统基本全覆盖全国高速公路、普通国省干线公路的各路段管养单位,以及部、省两级路网管理部门,成为各级公路部门掌握路网实时运行情况和突发事件进展处置情况的重要手段,同时也是出行信息服务系统的重要数据源。其中,"交通运输部路况信息管理系统"形成覆盖全国50万干线公路网的实时阻断信息报送业务。

根据各地上报的不完全数据统计,我国高速公路交通量参数监测设施[25]总规模达1.1万套,同比增加0.1万套,平均布设密度达15~20公里/套;视频监测设施(路段沿线)[26]总规模达3.9万套,同比增加1.4万套,平均布设密度达4~6公里/套;气象监测设施[27]总规模达近1 700套,同比增加200套;平均布设密度达80~100公里/套。普通

[23]突发事件信息人工报送系统:指通过人工监测获取的突发事件信息并通过信息化系统填报的报送系统。

[24]路网运行信息自动化采集系统:指利用部署在公路上的现代化的自动感知设备,自动获取交通流量、视频图像、气象环境等信息的信息化系统。

[25]交通量监测设施:主要包括各类车辆检测器和自动化交通量调查设备,设置地点包括路段、桥梁和隧道内。

[26]视频监测设施(路段沿线):指设置在公路主线、匝道及桥梁等沿线处的视频监测设施,不包括设置在隧道、收费广场内的独立视频监测设施。

[27]气象监测设施:设置在公路主线、匝道等处的单要素、多要素自动化气象观测站。

国省干线公路交通量参数监测设施总规模达7 000套，同比增加300套，平均布设密度约130～150公里/套；视频监测设施（路段沿线）总规模达1.0万套，同比增加0.75万套，增长较为显著；平均布设密度约80～100公里/套，气象监测设施总规模已达110余套。此外，高速公路收费广场、特大桥梁、长大隧道内基本覆盖交通量和视频监测设施。具体情况见附表A“全国路网运行监测设施一览表”。

总体看，近两年我国干线公路网运行监测设施在建设规模与质量上有明显进步，高速公路运行信息自动化采集系统建设要明显优于普通国省干线公路，但总体规模偏小、地区分布不均、质量差距大是主要问题。其中，高速公路“可视化”监测问题基本得到解决，北京、河北、上海、江苏、山东、河南、广东等省（市）高速公路基本实现全程视频监控。路网运行信息的量化“可测”问题仍较为突出，交通量参数气象、桥梁及隧道健康监测设施总体规模偏小，能够实时采集的交通流参数（包括交通量、占有率、速度等）、气象参数等信息的样本量不足、质量一般，加之人工系统报送为主的突发事件信息的时效性、准确性不高，导致现有的路网运行监测系统还不具备全面、实时、准确感知与评估路网（区域）交通运行状态，以及分析、预测、研判路网运行趋势与预警突发事件的能力，也尚不能够全面满足未来路网运行集约化管理与出行信息精细化服务的发展需求。

为补充路网运行监测设施不足的问题，近年来各级公路管理部门充分利用现代信息技术，引入“移动互联网”、“宽带移动通信技术”及“手机信令”等数据平台，作为路网运行监测系统的补充手段，取得了较好的效果。其中，部路网中心正在组织开展基于手机信令的路网运行监测与出行信息服务系统应用示范工程，推进手机信令分析技术在公路网监测和出行信息服务中的应用，提升国省干线公路网重要运输通道、区域公路网交通运行监测和出行信息服务；江苏、浙江等省（市）与电信运营商合作共同搭建路网“手机信令”采集平台，实时获取运行在高速公路上的手机定位数据，分析研判路网交通流量分布情况；湖北省的高速公路部门将手机芯片植入通行卡（MTC卡）中，既实现了精确计算通行费的目标，又兼顾了路网交通流量数据获取的功能。

二、路网交通量参数监测设施建设与应用情况

我国路网交通量参数监测设施主要有两类，一类是高速公路经营管理单位在高速公路建设或运营期安装的“车辆检测器”；另一类是交通运输部指导下统一安装的“交通量调查设备”。两类设备在采集技术上基本都是利用线圈、微波、视频为数据获取手段，但在采集的具体参数指标上有所差别。

从各省域路网交通量参数监测设施建设情况看，上海高速公路交通量参数监测设施

布设密度最高，接近 2 公里/套，北京、重庆、浙江省（市）高速公路交通量参数监测设施布设密度已经在 10 公里/套以内，分别达到 2.87 公里/套、6.60 公里/套和 8.23 公里/套。普通国省干线公路交通量参数监测设施布设密度上海 6.78 公里/套，北京10.40公里/套，天津、山西、河北、辽宁、江苏、山东等省份布设密度在 50 公里/套左右，其他省份基本在 100 公里/套以上。综合国省干线公路交通量监测设施平均布设密度看，上海、北京、重庆、浙江等省（市）高速公路和普通国省干线公路交通量监测设施布设情况较好。部分地区交通量参数监测设施布设情况如图 6-1 所示。

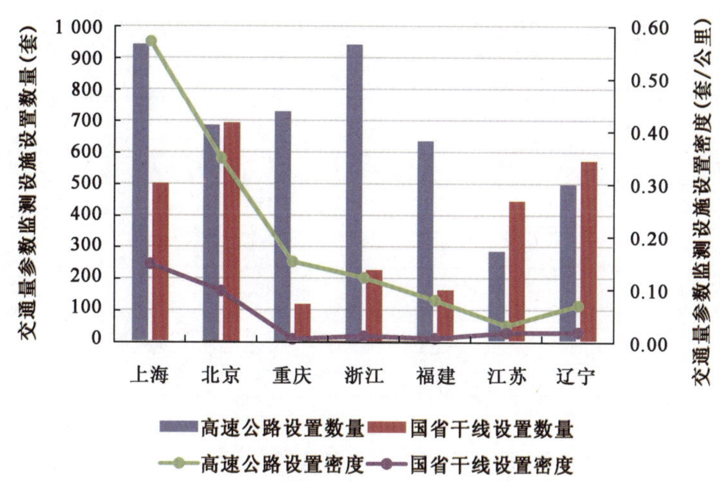

图 6-1 部分地区交通量监测设施布设数量和布设密度情况

从目前路网交通量参数监测设施的应用情况看，监测设备的总体完好率较高，但受到设备质量、维护保养、使用管理等各类因素的影响，所采集的数据的准确性不高、实时性不强、应用效果一般。路网交通量监测设施是路网运行监测与服务体系建设的重要内容，特别是高速公路交通运行状态感知尤为关键，但由于这类设施在高速公路传统“机电系统”中不太受重视，没有形成统一规划、设计与标准的建设格局，这也是所采集交通量数据没有形成规模效益，未能解决路网运行量化“可测”的关键所在。部分地区路网交通量监测设施情况详见表 6-1、表 6-2。

高速公路交通量监测设施运行建设现状（部分） 表 6-1

省份	高速公路里程（公里）	车辆检测器（套）	交通量调查设备（套）	合计（套）	密度（公里/套）
上海	825	813	129	942	1.75
北京	982	283	402	685	2.87
重庆	2 401	364	364	728	6.60
浙江	3 884	851	90	941	8.26

续上表

省份	高速公路里程(公里)	车辆检测器(套)	交通量调查设备(套)	合计(套)	密度(公里/套)
福建	4 053	573	62	635	12.77
云南	3 255	310	164	474	13.73
湖南	5 493	631	126	757	14.51
黑龙江	4 084	508	50	558	14.64
辽宁	4 172	425	73	498	16.76
陕西	4 466	477	49	526	16.98

普通国省干线公路交通量监测设施运行建设现状(部分)　　表6-2

省份	普通国省干线(公里)	车辆检测器(套)	交通量调查设备(套)	合计(套)	密度(公里/套)
上海	1 699	316	185	501	6.78
北京	3 603	283	410	693	10.40
天津	3 634	113	145	258	28.17
山西	17 086	683	29	712	47.99
河北	23 127	466	342	808	57.25
辽宁	16 476	0	572	572	57.61
江苏	13 255	112	333	445	59.57
山东	25 168	771	69	840	59.92
浙江	10 689	0	226	226	94.59
安徽	14 569	0	265	265	109.95

三、路段沿线视频图像监测设施建设与应用情况

路段沿线视频图像监测设施,特别是高速公路沿线视频图像监测设施是传统的高速公路机电系统的重要组成部分,并成为各级公路部门掌握路网实时运行情况和突发事件进展处置情况的重要手段之一。从目前路段沿线视频图像监测设施的应用情况看,采集的图像数据质量不断提高,高清(720P以上)级的视频监测设备也开始进入高速公路机电市场,模拟设备逐步向数字设备转变,视频事件检测系统应用逐步推广,高速公路视频图像监测设施面临着新一轮的升级换代。

从现有统计数据看,无论是设施规模(全国高速公路3.9万套)还是布设密度(高速公路接近平均5公里/套),均是各类路网运行监测设施指标中最高的。“可视化”需求作为公路运行监测需求中最直接、最见效的部分,使其已基本覆盖高速公路大型互通、服务区、长大桥隧、隧道、收费站广场、服务区以及超限超载检测站等重要监控点。部分

省(市)的高速公路甚至已实现全程视频监控(即2公里/套)。部分地区路段沿线视频监测设施布设情况如图6-2所示。

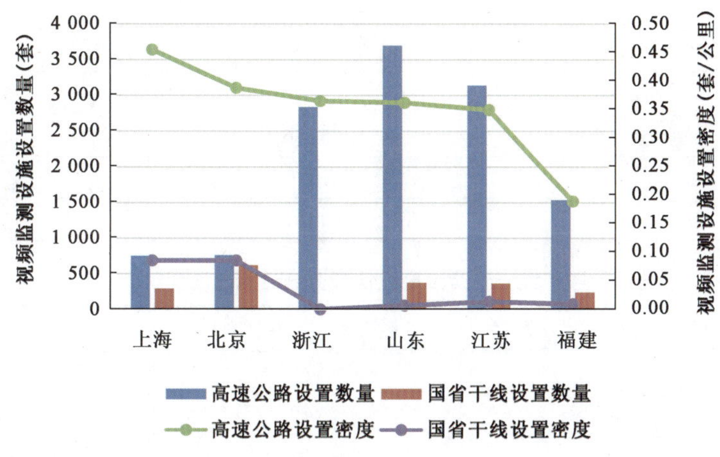

图6-2 部分地区路段沿线视频监测设施布设数量和布设密度情况

从各省域路段沿线视频监测设施建设情况看,河北省高速公路路段沿线视频监测设施布设密度最高,接近2公里/套,其次是上海、北京、浙江、山东、江苏、河南等省(市)高速公路路段沿线视频监测设施布设密度已经在3公里/套以内。普通国省干线公路路段沿线视频监测设施河北、上海和北京布设密度在20公里/套以内,天津、海南、山西、重庆、江苏布设密度在100公里/套以内,其他省份布设密度均在100公里/套以上。综合国省干线公路路段沿线视频监测设施平均布设密度看,北京、河北、上海、江苏等省(市)高速公路和普通国省干线公路路段沿线视频监测设施布设情况较好。部分地区路段沿线视频监测设施详细情况详见表6-3、表6-4。

高速公路路段沿线视频监测设施监测建设现状(部分) 表6-3

省份	高速公路里程(公里)	路段沿线摄像机(套)	密度(公里/套)
河北	5 888	5 728	2.00
上海	825	751	2.20
北京	982	762	2.58
浙江	3 884	2 836	2.74
山东	5 108	3 698	2.76
江苏	4 488	3 136	2.86
河南	5 859	3 908	3.00
云南	3 255	1 815	3.59
西藏	38	17	4.47

续上表

省份	高速公路里程(公里)	路段沿线摄像机(套)	密度(公里/套)
甘肃	3 262	1 386	4.71
福建	4 053	1 537	5.27
广东	6 266	2 336	5.36
陕西	4 466	1 656	5.39
重庆	2 401	649	7.40
黑龙江	4 084	1 092	7.48

普通国省干线公路路段沿线视频监测设施建设现状(部分)　　表6-4

省份	普通国省干线里程(公里)	路段沿线摄像机(套)	密度(公里/套)
河北	23 127	5 731	8.07
北京	3 603	620	11.62
上海	1 699	292	11.64
天津	3 634	331	21.96
海南	3 436	200	34.36
山西	17 086	971	35.19
重庆	11 776	537	43.86
江苏	13 255	366	72.43
福建	12 162	241	100.93
山东	25 168	376	133.87
辽宁	16 476	234	140.82
江西	15 570	170	183.18
广西	14 744	100	294.88
青海	14 202	42	676.29
湖南	45 587	131	695.98

四、路网气象环境监测设施建设与应用情况

随着近年来冰冻雨雪、严重雾霾等恶劣天气引发的公路交通阻断事件不断增多,各级公路管理部门开始重视公路沿线气象环境监测,并取得了一定成果。公路交通气象观测站根据观测项目的不同,分为单要素、多要素自动气象观测站,单要素气象观测站观测某一项对道路安全产生直接影响的气象要素,如能见度、路面、气象环境;多要素气象观测站要求观测两项及以上的气象要素,其中的全要素观测站能够观测能见度、路面条件(路温、路面状况、冰点温度)、气象环境(气温、湿度、风向风速、气压、雨量、天气现

象)等气象参数。

总体上看,全国路网气象监测设施总规模尚不足 2 000 套,除少数地区高速公路气象监测设施布设形成一定规模,其他省份布设密度十分稀疏,是各类路网运行监测设施中较为薄弱的环节。部分地区高速公路气象环境监测设施布设情况如图 6-3 所示。

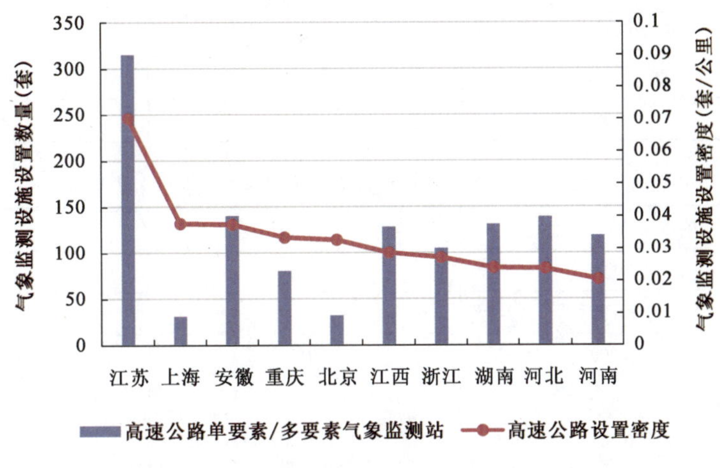

图 6-3 部分地区高速公路气象监测设施布设情况

从各省域路网气象环境监测设施建设情况看,江苏高速公路气象环境监测设施布设密度在 30 公里/套以内,上海、安徽、重庆、北京、江西、浙江、湖南、河北、河南等省(市)高速公路气象环境监测设施布设密度在 100 公里/套以内,其他省份布设密度均在 100 公里/套以上。其中,江苏省高速公路部门在公路气象监测设施建设,以及利用气象环境监测数据提升路网运行效率方面有较成功的经验。部分地区路网气象监测设施详细情况详见表 6-5、表 6-6。

高速公路气象监测设施建设现状(部分) 表 6-5

省份	高速公路里程(公里)	单要素/多要素气象监测站(套)	密度(公里/套)
江苏	4 488	315	28.50
上海	825	31	53.23
安徽	3 752	140	53.60
重庆	2 401	80	60.03
北京	982	32	61.38
江西	4 484	128	70.06
浙江	3 884	105	73.98
湖南	5 493	131	83.86
河北	5 888	139	84.72

续上表

省份	高速公路里程(公里)	单要素/多要素气象监测站(套)	密度(公里/套)
河南	5 859	119	98.47
福建	4 053	60	135.10
贵州	4 007	53	151.21
吉林	2 348	30	156.53
四川	5 506	69	159.59
山东	5 108	63	162.16

普通国省干线公路气象监测设施建设现状(部分)　　表 6-6

省份	国省道历程(公里)	单要素/多要素气象监测站(套)	密度(公里/套)
北京	3 603	33	218.36
天津	3 634	32	227.13
青海	14 202	18	1 578.00
浙江	10 689	5	4 275.60
新疆	26 561	12	4 426.83
福建	12 162	5	4 864.80
辽宁	16 476	4	8 238.00
江苏	13 255	2	13 255.00
山东	25 168	1	50 336.00

五、桥梁、隧道安全健康监测设施建设与应用

针对特大桥梁、长大隧道运行安全的监测是公路重要基础设施运行监测的重点。除人工定期检查和抽检巡查外，智能检测方面，主要是桥隧健康监测设施和隧道健康监测设施。桥梁健康监测是通过对桥梁结构状况的监控与评估，为桥梁在特殊气候、交通条件下或桥梁运营状况异常严重时发出预警信号，为桥梁的维护维修和管理决策提供依据与指导。其监测指标包括：温（湿）度、应变、振动、挠度、索力、桥塔变形、风力、倾角、梁端位移、动态称重等。隧道健康监测是通过对隧道结构状况以及其他工作状况的监测，为结构状况的评估、运营现状以及工程服务寿命的预测提供大量监测数据。隧道健康监测包括：隧道结构侵蚀监测、隧道结构监测（包括：变形、收敛、内力、接缝监测等）和地层监测（包括：土压力、水压力监测等）。

据不完全统计，全国已建成各类跨海、跨江（河）的特大型桥梁及超长隧道安全健康监测设施200余套。全国各省份桥梁健康监测设施的现状如表6-7所示。

全国桥梁安全健康监测设施现状 表6-7

省份	数量(个)	监测指标	运营状态	代表性工程
北京	11	温度、倾斜、位移、挠度、应变、振动、裂缝	全部良好	大关桥、八达岭大桥、水闸新桥、德胜口大桥
天津	10	温(湿)度、风力、变形、应变、索力、振动、动态称重	9座良好,1座未发挥作用	西河桥、金钢桥、富民桥、国泰桥、赤峰桥
河北	4	风速、应变、挠度、振动、动态称重	1座改造,3座不详	海儿洼大桥、官厅湖特大桥、子牙新河特大桥
山西	3	应变、挠度、温度、振动、动态轴重、索力、桥塔偏位、风力	2座良好,1座未发挥作用	忻州小沟桥、龙门黄河特大桥
内蒙古	2	应变、挠度、支座位移、裂缝、振动	良好	包头黄河大桥
辽宁	2(含1个在建)	温(湿)度、应变、振动、挠度、索力、桥塔变形、风力、倾角、梁端位移、动态称重	1座良好,1座在建	辽河特大桥、中朝鸭绿江界河公路大桥
吉林	1	挠度、应变、温度	良好	临江门大桥
黑龙江	1	温(湿)度、应变、振动、挠度、索力、桥塔变形、风力	良好	四方台松花江大桥
上海	7	温(湿)度、应变、振动、挠度、索力、桥塔变形、风力等	全部良好	卢浦大桥、徐浦大桥、东海大桥、南浦大桥、长江桥隧
江苏	10	温(湿)度、应变、振动、挠度、索力、桥塔变形、风力、倾角、梁端位移、动态称重	全部良好	润扬长江大桥、江阴长江大桥、苏通大桥、南京长江二桥、泰州大桥
浙江	50余个	温(湿)度、应变、振动、挠度、索力、桥塔变形、风力、倾角、梁端位移、动态称重	全部良好	杭州湾跨海大桥、下沙大桥、之江大桥、西堠门大桥、金塘大桥
安徽	4	温(湿)度、应变、振动、挠度、索力、桥塔变形、风力、倾角、梁端位移、动态称重	全部良好	铜陵长江大桥、芜湖长江大桥、安庆长江大桥、马鞍山大桥
福建	6	温(湿)度、应变、振动、挠度、索力、桥塔变形、风力、倾角、梁端位移、动态称重	全部良好	青州大桥、厦漳跨海大桥、下白石大桥、海沧大桥、八尺门大桥
江西	2	索力、线形、应变、塔顶位移、伸缩缝	全部良好	鄱阳湖大桥、八一大桥
山东	10	温(湿)度、应变、振动、挠度、索力、桥塔变形、风力、倾角	全部良好	滨州黄河公路大桥、东营黄河公路大桥、青岛海湾大桥、弥河大桥
河南	6	挠度、应变、振动	全部良好	卫坡大桥、伊洛河大桥、瀍河大桥、郑州黄河大桥、桃花峪大桥
湖北	8	温(湿)度、应变、振动、挠度、索力、桥塔变形、风力、倾角、梁端位移、动态称重	全部良好	军山大桥、阳逻长江大桥、二七长江大桥、鹦鹉洲长江大桥

续上表

省份	数量(个)	监测指标	运营状态	代表性工程
湖南	6	温(湿)度、应变、振动、挠度、索力、桥塔变形、风力、倾角、梁端位移、动态称重	5座良好,1座未发挥作用	矮寨大桥、洞庭湖大桥、茅草街大桥
广东	10(含2个在建)	温(湿)度、应变、振动、挠度、索力、桥塔变形、风力、倾角、梁端位移、动态称重	8座良好,2座在建	珠江黄埔大桥、虎门大桥、新光大桥、港珠澳大桥、九江大桥
广西	3	温(湿)度、应变、索力、挠度、动态称重	1座良好,2座不详	湛江海湾大桥、三门江大桥、永和大桥
海南	无	—	—	—
重庆	13(含6个在建)	温(湿)度、应变、振动、挠度、索力、桥塔变形、风力、倾角、梁端位移、动态称重	7座良好,6座在建	石板坡长江大桥复线桥、大佛寺长江大桥、马桑溪长江大桥
四川	5	挠度、应变、温度	全部良好	州河特大桥、金江金沙特大桥、城门洞大桥
贵州	5	温(湿)度、应变、振动、挠度、索力、桥塔变形、风力	2座良好,3座不详	红枫湖大桥、坝陵河特大桥、石门坎特大桥
云南	9(含1个在建)	温(湿)度、倾斜、挠度、位移、振动	全部良好	红河大桥、龙江特大桥
西藏	无	—	—	—
陕西	5	沉降、挠度、应变、裂缝	全部良好	徐水沟特大桥、洛河特大桥、杜家河大桥
甘肃	无	—	—	—
青海	无	—	—	—
宁夏	2	挠度、应变、温度	全部良好	叶盛黄河公路大桥、吴忠黄河公路大桥
新疆	1	挠度、应变、温度、风力、桥塔变形、索力	良好	果子沟大桥

六、路堑边坡和路堤沉降监测设施建设与应用

针对路堑边坡和路堤沉降的监测是公路重要基础设施运行监测的重点。根据交通行业规范《公路路基设计规范》(JTG D30—2004),路堤稳定和沉降监测内容包括地表水平位移量及隆起量、地下土体分层水平位移量、路堤顶沉降量监测。路堑边坡或滑坡监测内容包括:地表监测(水平位移监测、垂直变形监测、裂纹监测)、地下位移监测、地下水位监测、支挡结构变形、应力。据不完全统计,全国已建成各类路堑边坡和路堤沉降监测设备达170余套。

第七章 全国干线公路网服务工作开展及业务体系建设情况

2014年,各级公路交通部门重视出行信息服务工作,加快实施出行信息发布平台建设,促进公路交通交通信息服务的共享和应用,信息发布渠道建设不断完善,信息发布内容逐步得到提升。同时,高速公路服务区运营管理工作进一步加强;鲜活农产品运输"绿色通道"政策实施良好,确保鲜活农产品运输车辆便捷高效通行;大件运输服务水平和服务保障工作全方位提升。

一、全国干线公路网出行信息服务系统总体情况

(一)全国公路交通出行服务工作概述

一是出行信息服务保障能力不断增强,渠道不断增多。在部级层面,以"中国公路出行信息服务网"为代表,发布各类路况信息8万余条;省级公路交通部门以地方出行服务网站为平台,不断拓展微博、微信、手机APP等新媒体信息发布渠道和服务手段,服务广大出行群众。二是积极推进中国高速公路交通广播建设。由交通运输部、中央人民广播电台等单位联合开展的中国高速广播京津冀湘渝示范工程建设,目前已在京津冀地区、湖南中心城市及周边地区正式播出,通过高速广播创新了出行信息的服务模式,已累计发布路况信息万余条,起到了良好的社会公益效果。三是不断丰富出行服务方式和能力。各地交通部门积极提升传统出行方式和手段的服务能力,不断提高服务质量。全面拓展与中央媒体、地方媒体及交通行业媒体的合作;公路客服电话的服务质量和响应水平近年来不断提高;在公路信息板发布路况信息基础上,积极探索预警提示。四是不断细化出行信息服务受众,已有不少省份开创了商业服务模式,并积极为物流公司、旅行社、客运车队以及各商业机构开展精细化、专业化的出行信息服务,起到了良好的效果。五是服务保障成效显著。加强和改进了服务区管理工作,积极解决服务区停车难、如厕难、服务水平差等问题。切实加强收费公路通行服务保障,有力保障了

节假日小客车免费通行工作的顺利实施,确保了收费公路绿色通道的平稳运行。

(二)公路出行服务面临的不适应

当前各级交通运输部门开展的出行信息服务面临着公路出行服务方式较少、服务水平不高、社会公众满意度亟待提升等问题。公路信息采集、处理、整合和利用水平较低,信息服务内容的质量不高,信息发布不及时;信息发布渠道较少,主要依靠广播、信息板、网站等传统方式,公众获取信息方式不够便捷方便;公路出行信息服务对市场资源利用不充分,对政府部门工作定位不明确,缺少市场化发展模式的有效探索;同时,公路出行信息服务的整体服务水平不高,难以满足广大出行者和公路服务对象个性化、专业化的服务需求。综上,当前出行服务主要面临以下三大不适应:

一是公众出行需求和信息发布内容不相适应。具体体现在突发事件发生时,公众短时间内无法获取突发事件的具体情况。出行中面临的大量未知信息,无法通过快捷有效的渠道获得。同时,公路交通部门发布的信息,与公众出行中所需要的信息存在一定的脱节。

二是出行服务信息采集与信息发布不相适应。具体体现在公众出行中对实时信息的需求和发布内容不相适应。交通运输行业路网信息采集、报送和信息发布制度目前已经严重滞后于信息采集、处理、应用和发布等工作。由于目前交通信息资源高度分散、来源不一、数据格式多样,很难满足信息资源整合、处理和对外发布,更难做到事先差异化、个性化信息发布。

三是市场化出行信息服务及时性优先和政府出行信息服务准确性优先不相适应。具体体现在政府部门考虑到权威性,发布信息准确性优先于时效性。而市场化出行信息服务为抢占市场体现服务又面临竞争,发布信息时效性优于准确性。而从公众角度,接收的信息要求既要具备准确性又要具备时效性。

(三)2014年公路出行服务建设成绩

2014年,各省级交通运输部门从满足公众出行需求和满足管理需求的角度出发,按照全天候、全覆盖、立体化对社会公众提供“出行前”和“出行中”不同阶段的信息服务。“全天候”——工作人员24小时值守响应公众的服务需求;“全覆盖”——服务内容涵盖了路况信息、阻断信息、气象信息、出行常识、绕行方案等与公众出行密切相关的各类信息;“立体化”——综合利用电台、电视台、报纸、政务网站、热线电话等多种手段为公众提供出行服务。

根据各省份上报信息和出行服务业务记录,截至2014年底,全国31个省级交通运输或公路部门全部都开设有公路出行服务网站,共计开通具备公路出行服务功能的网站(含专门出行服务网站和具备上述功能的网页、栏目网站,包括ETC服务网站、公路气象服务网站)115个,其中,专门公众出行服务网站38个,ETC服务网站(网页)12个,公路气象服务网站2个。共有17个省份开通手机版服务网站和移动客户端33个;共有26个省份开通具备公路出行信息服务功能的微博59个(不同微博平台不重复计算);共有26个省份开通公路出行信息服务功能(含ETC业务)的微信45个。全国31个省份开通客服电话号码57个(不含12328)。全国共有28个省份开展了公路出行信息服务媒体全方位合作,共有合作广播、电视媒体80家(不完全统计)。另外,由交通运输部、中央人民广播电台联合打造的"中国高速公路交通广播"信号覆盖北京、天津、河北和湖南部分区域。上述出行服务建设具体情况见表7-1 。

2014年公路出行服务建设情况

表7-1

服务项目	开通省份数量	开通/服务数量
网站	31	115
手机网页和移动客户端	17	33
微博	26	59
微信	26	45
客服电话(不含12328)	31	57
媒体服务	28	80

二、公路出行信息服务系统建设和应用情况

(一)公路出行服务网站建设情况

截至2014年底,"中国公路出行信息服务网"(www.chinahighway.gov.cn),网站运行9年来累计发布各类路况信息超过11.9万余条,其中,2014年发布信息4.3万余条。随着社会公众对出行信息个性化服务需求越来越旺盛,对出行信息服务的质量、方式要求越来越高,原有的中国公路出行信息服务网站已不能满足要求。2014年,改版后的"中国公路信息服务网"拥有最新全国干线公路网电子地图,提供实时公路路况、通阻信息、公路气象等服务,可查询各省服务电话和公路相关基础数据等信息,同时可以根据实时路况规划合理的出行路线,发布公路交通重大气象预警,并可满足日均20万用户、60万以上点击访问。目前,"中国公路信息服务网"正在进行二期系统建设,建成后的

网站将成为公路交通行业内容权威、服务多元、信息全面的综合性出行服务网站。

截至2014年底，全国31个省（区、市）交通运输主管部门均已开通了公路出行服务网站（网页），所有省级交通运输部门政务网站都建有出行服务网页或路况信息栏目，部分网站还提供了专业出行服务网站链接。在提供方式上，部分省份按照需求层面不同，开通了省级出行服务网站和公路出行服务网站，根据业务细分，还专门建设有ETC服务网站和公路气象网站。

与2013年相比，专业公路出行服务网站数量明显增多，达到38个。在专业服务方面，天津、河北、内蒙古、吉林、江苏、浙江、福建、河南、湖北、湖南、广东、广西、重庆、贵州、陕西等省份专门建设有高速公路出行服务网站，为高速公路行车提供全方位信息服务，提供实时路况信息、路线规划、电子地图查询等功能；特别是部分省份提供了高速公路服务区服务信息、收费站收费信息查询功能，为出行者提供了较为完善的信息服务。北京、河北、辽宁、江苏、浙江、安徽、福建、湖北、广东、陕西、甘肃建有专业ETC客户服务网站或网页，提供网上受理、资费查询、出行统计等功能；青海、宁夏建有公路交通气象服务网站，提供省域内公路交通专业气象服务和出行提示。

> 2014年，江西省公众出行服务网进行了升级改版，目前网站主要以“路”为主线，体现了“信息群”的概念，集成了交通运输行业业务应用系统的各类数据，为社会公众提供了更准确、更全面的出行信息，并支持手机WAP登录，真正做到了“立体交通”网的搭建与服务。

（二）新媒体出行信息服务系统的应用

2014年，各省级交通运输部门和公路经营管理单位更加重视通过新媒体平台开展公路出行信息服务。其中，手机移动客户端开通数量大幅增加，政务微博、微信和公路交通专业微博、微信提供的出行信息服务信息更加及时、专业、有针对性。截至2014年底，共有17个省（区、市）开通手机移动客户端（含手机WAP网页）33个；共有26个省（区、市）开通提供出行信息服务微博59个；共有26个省（区、市）开通提供出行信息服务微信45个。

在服务方面，部分省份开通的微信除日常信息发布外，提供点对点查询功能，服务更有针对性。同时针对ETC服务开通的微信，服务型更强，其中提供实时账单查询和缴费充值功能为广大出行者和ETC用户所欢迎。

在信息发布方面，微博依然承担了路况信息发布的主渠道作用，统计显示，主要以在新浪平台开通的政务微博为主。在日常情况下，整点和早晚高峰固定时间发布路网运行情况；突发事件情况下，及时发布事故信息、绕行路线和恢复情况；结合节假日和气象、地质灾害，发布的提示性和预警性信息更加有效、有针对性。同时，在2014年，高速公路路段级经营管理单位和市级公路管理部门开通微博数量呈上升趋势，提供路段内和区域内路况信息，极大地增强了服务的针对性。

但是也有部分微博账号，受机构整合撤并等因素影响，停止服务、长时间未发布信息。建议微博主管部门应及时说明情况或采取注销处理。另外，微博和微信的信息资源整合方面还有待提升，部分省份由于管理体制原因，省内公路多头管理，导致不同的管理机构都开设有微博、微信账号。由于未能实现信息共享和资源整合，部分微博、微信提供的信息内容未能统一、对公路通行状况描述差异，进而影响对公众的信息服务。

在创新服务方面，各地交通部门纷纷推出新的举措，通过短信平台、服务终端等为公众提供多元化服务。

> 北京、河南、四川、贵州等地交通部门积极利用自有短信平台、所属省级公共短信平台或移动公司应急短信平台发布提示信息。
>
> 江苏在高速公路服务区设置自助服务终端，设置了“实时路况”、“路径查询”、“服务区查询”、“江苏景点查询”、“天气查询”、“安全行车知识”、“苏通卡信息查询”、“苏通卡充值服务”及“重要公告”九个服务栏目。目前，江苏省高速公路联网营运管理中心在全省联网高速69个服务区内共布设103台自助服务终端，今后还将陆续在省内各高速公路服务区内增设，为广大驾乘人员提供更加便捷的服务。

（三）社会化出行服务系统应用情况

2014年，公路出行服务以市场在资源配置中起决定性作用和更好发挥政府作用引领下，以百度、阿里巴巴、腾讯、高德为首的互联网公司、电子地图公司充分与交通运输部门合作，并利用信息资源优势依托“大数据”技术，向公众提供社会化、市场化的公路出行信息服务，获得了消费者的普遍认可。

2014年，交通运输部科技司依据交通运输部2014年工作重点内容组织开展了部级重点示范工程——“政企合作模式的全国综合交通出行服务信息共享应用示范”。此工程旨在探索减少大量基础建设，借力企业盘活交通数据资源，创造新型数据、服务运转模式，建立以提高用户体验为目标的交通服务新形象。截至2014年底，辽宁、吉林、黑龙江，四川、重庆、湖北，江苏、河南已经启动示范工程实施，部分省份已经开始数据接入和评估工作。交通运输部与百度联合开发的百度智慧交通云平台已开始试运行。

三、中国高速公路交通广播建设与运行情况

（一）建设与运营

中国高速公路交通广播是部党组研究确定的“党的群众路线教育活动先期拟办的10件实事”之一，并列入部重点工作计划。京津冀湘渝示范工程自2013年7月启动以来，各有关单位从加快“智慧交通”的高度，按照“统筹规划、分步实施、政府引导、市场运作、社会参与、群众受益”的原则，全力推进实施，加快推进中国高速公路交通广播发展，并积极筹建运营组织。2014年，北京、天津、河北、湖南、重庆示范工程正在稳步有序推进与实施。1月16日，中国高速公路交通广播在京津冀湘区域正式开播，信号覆盖北京、天津、河北和湖南部分重点区域，冯正霖副部长出席了开通仪式。2月14日，杨传堂部长主持召开专题会议研究中国高速公路交通广播运营有关问题，对工程建设、运营方案、机构组建、覆盖范围等多项工作做出部署。会议提出要从加快“智慧交通”建设的高度，按照“统筹规划、分步实施、政府引导、市场运作、社会参与、群众受益”的原则，加快推进中国高速公路交通广播发展。继续推进中国高速公路交通广播示范工程建设和试运行工作，创新节目内容，扩大广播覆盖范围，不断提升中国高速公路交通广播的品牌形象和服务质量。

（二）广播节目与服务

在节目方面，中央人民广播电台组建了一支近50人规模的中国高速公路交通广播采编播团队，设早间节目部、午间节目部、晚间节目部、夜间节目部、编辑部。高速广播团队已与部新闻办建立日常联系机制，并与部公路局、路网中心紧密合作，加大公路交通报道专业深度和行业覆盖广度。在突发事件和重大节假日期间，高速广播派专人到路网中心采访并在部连线间直播连线。同时，多次到收费站、养护道班、高速公路服务区开展问卷调查和听众互动等活动，取得了较好的传播效果。

交通运输部路网中心建立了与中国高速公路交通广播团队的定期沟通机制，并设专人与其进行日常工作对接和重大选题策划。2014年，围绕部党组中心工作，对收费公路政策、提升高速公路服务区服务质量、电子不停车收费14（省）市联网、节假日小客车免费通行等工作开展了一系列专题报道，并通过台网互动、与中国之声联动，积极宣传行业有关政策和重大活动。

日常状态下，路网中心每天与中国高速公路交通广播进行8档整点连线，播报路况信息；在节假日和突发事件时，建立实时连线播报制度。

在服务百姓出行方面，中国高速公路交通广播将日常公路出行和节假日出行作为重点服务抓手。日常期间，听众通过高速广播微信、微博和热线电话提出的问题，第一时间进行解答，在广播节目中进行回复，加强节目的服务性。节假日期间，在对历次小长假易堵路段分析总结基础上，与交通运输部路网中心沟通互动，梳理出易堵路段的高速公路网内和普通国省干线绕行路线，通过与中国高速公路交通广播路况连线和互动，做到拥堵路段、事故路况随时插播，及时发布事故路段和车流量大路段的路网绕行路线，并针对广播受众的个性需求提供优化后的高速出行路线，充分发挥了广播这一出行中媒体的服务效果。

四、公路客服/救援电话系统建设与运行情况

公路客服/救援电话系统是各省级交通运输部门、公路管理机构和高速公路经营单位为公众出行提供的“面对面”服务，也是较早开通及较完善的出行信息服务系统之一。截至 2014 年底，全国 31 个省（区、市）交通运输主管部门、公路管理机构和高速公路经营单位均开设 24 小时客服电话热线，共计开通客服电话号码 57 个。其中，按照特服号码分类，五位或六位特服号码 17 个，普通号码 9 个；按照号码资源分类，12122 特服号码 16 个，96 字头号码和其他号码 41 个；另外，截至 2014 年底，全国所有地级以上城市开通全国统一的 12328 交通运输服务监督电话。具体详见表 7-2 和图 7-1。

客服电话开通一览表　　表 7 2

项　目		开通数量（个）	备　注
特服号	12122	16	16 个交通部门开设
	96 字头	32	
长号码		9	9 个交通部门开设
总计		57	

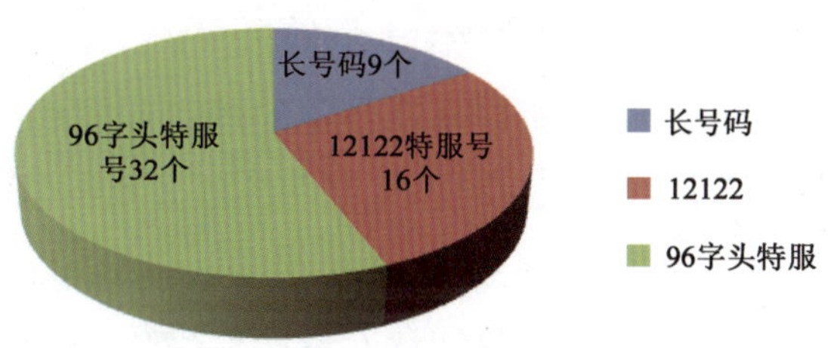

图 7-1　全国客服电话开通情况

12122 作为全国统一的高速公路救援电话号码,截至 2014 年底,已有 16 个省级交通运输部门、高速公路管理部门(企业)、路警联合办公机构共设置了 24 小时 12122 高速公路客服/救援电话。2014 年,交通运输部明确了 12328 与高速公路救援电话 12122 的工程边界。在 12328 交通运输服务监督电话系统工程建设指南中明确,12328 电话系统接到高速公路救援报警电话时,应当立即告诉求救者拨打 12122,有条件的地区应当同时将遇险报警电话转接至 12122 电话系统。

另一方面,一些省份由于管理体制不同,开设有多个公路出行客服电话,如有些省开高速公路管理局、公路局、高速公路经营管理单位都开设有五位短号码的客服电话,连同 12328 号码,该省共设有提供公路出行服务的电话号码 4 个,由于主管部门不同,4 个号码信息沟通和业务对接难以统一,未能对公众提供完善的信息服务。还有的省份路网内某一路段由于投资主体不同,单独设有客服电话,未与全省客服电话联网,也造成对出行者的服务未尽完善。

五、高速公路服务区建设与服务情况

高速公路服务区(含停车区,以下简称“服务区”)是交通运输行业服务群众的重要“窗口”,也是社会公众驾乘车辆出行的重要休息场所,是高速公路安全、便捷、舒适出行的保障,也是高速公路服务能力、管理水平的综合体现。

2014 年 10 月,国务院副总理马凯在山东省调研公路建设养护管理工作时,专程视察了邹平服务区,对其服务工作给予肯定,同时也指出:随着经济社会快速发展,越来越多小汽车进入家庭,群众出行需求日益增多,出行质量要求不断提高,但(目前我国)公路基础设施条件、出行服务能力等还不能完全达到要求。服务水平有待提高。高速公路服务区设计、建设、管理水平需要进一步提升,服务意识需要进一步增强,服务内容需要进一步充实。

(一)高速公路服务区发展现状和成绩

我国的服务区运营管理工作是伴随着高速公路的建设和发展而逐步成长起来的。以 1988 年 10 月 25 日沈(阳)大(连)高速公路井泉服务区开业运营为开端,历经了从零起步、逐步完善、创新提升的转变。20 多年来,各地交通运输部门积极探索和完善服务措施,不断改进提升服务质量,为服务社会公众安全便捷出行,促进经济社会发展发挥了重要作用。截至 2014 年底,全国现有在用高速公路服务区(包括双侧分离式、单侧式、单侧集聚式等,含停车区)数量 2 047 个,其中服务区 1 725 个、停车区 322 个。各地服务区在建设和发展中，取得一定的成绩。

一是服务功能不断强化和拓展。坚持“确保基本服务质量，适度拓展服务功能”的原则，加强服务设施维修和改造，不断强化停车休息、餐饮、如厕、出行信息咨询、车辆加油和维修等基本服务。在此基础上，还因地制宜，积极开展长途客运接驳、客货节点运输、旅游等延伸服务，满足社会公众多样化需求。

> 安徽新桥服务区发挥毗邻机场的优势，建立了航空主题服务区，引进机场值机、候机服务等相关业务，为周边地区旅客提供了一站式航空与地面无缝隙对接服务。

二是人性化服务措施不断完善。坚持“处处为顾客着想，时时以顾客为中心”的理念，变传统的被动服务模式为主动服务模式，不断完善相关措施，强化人性化服务。

> 湖北省相关部门合作，在服务区设置一批医疗救助站，第一时间为驾乘人员特别是事故伤员提供医疗服务。辽宁省建立了覆盖全省高速公路的应急救援系统，为特殊情况下滞留的顾客提供免费送油料、食品、饮用水等应急物资的服务。

三是专业化经营格局初步形成。坚持“社会效益优先、市场化运营为主”的原则，不断优化运营管理模式，择优引进具有地方特色的名食小吃和麦当劳、李先生、肯德基等社会知名品牌，自主创建了浙江“高速驿网”、“河北高速之家”、广东“乐驿”、湖南“好相惠”、广西“旅岛”、“小圆满”、“享当当”等服务品牌。通过专业化、品牌化经营管理，满足了驾乘人员多样化需求，带动了基本服务质量稳步提升，更好地发挥了社会效益。

四是标准化管理体系基本建立。认真贯彻落实国家有关技术标准和政策规定，以服务质量星级评定为抓手，积极推进标准化管理体系建设。

> 山西省出台了地方性标准，对服务区实施精细化管理。河南省制定了11项行业管理制度，推行ISO9001（质量管理体系）、ISO14001（环境管理体系）和GB/T 28001（职业健康安全管理体系）标准化认证，建立起标准化过程控制体系，日常标准化作业率达到90%以上。

五是服务质量提升活动蓬勃开展。结合本地经济社会发展需要，大力开展服务质量专项提升活动，满足社会公众日益增长的服务需求。

> 贵州省大力推进“多彩贵州·最美高速”创建活动，着力改善服务区硬件环境，完善和拓展服务功能，提升服务管理水平。浙江省在硬件设施上实施四项改造，在服务品质上实现八大提升，使全省服务区面貌有了新的改观，文明服务能力得到进一步增强。

（二）当前高速公路服务区发展中存在的主要问题

对照社会公众的殷切期望，当前各地服务区运营管理工作发展还不平衡，部分服务区还存在着一些较为突出的问题：一是少数高速公路运营管理单位对服务区的公益属性认识还不到位，对服务区运营管理工作的重视程度不够，一些服务区特别是社会资本投资或承包经营管理的服务区，一味逐利而不治理，脏乱差现象突出，社会公众反映强烈。二是部分早期建成投入运营的服务区，布局不够科学合理，停车位、公共卫生间等重点服务设施不足，整体能耗较高，部分公共设施严重老化。三是部分服务区经营开放程度不高，服务内容单一，服务品质长期在低水平徘徊。四是少数服务区标准化管理工作落实还不到位，服务水平得不到社会公众在日常出行中的认可。五是个别高速公路路段已建成通车，但服务区由于经济效益问题未予启用，造成高速公路的服务功能不到位。

（三）交通运输部出台提升高速公路服务区服务质量意见

根据党的群众路线教育实践活动整改工作要求，为进一步规范服务区运营管理，提升服务质量，经过大量调研、问卷调查和反复征求意见，2014 年 9 月 28 日，交通运输部印发《交通运输部关于进一步提升高速公路服务区服务质量的意见》（交公路发〔2014〕198 号）。这是继 2009 年 1 月 23 日印发《关于加强高速公路服务设施建设管理工作的指导意见》后，交通运输部出台的关于高速公路服务区管理的又一个规范性文件。

意见提出，力争用 3 ~ 5 年时间，打造“布局合理，经济实用，标识清晰，服务规范，安全有序，生态环保”的现代化服务区，满足社会公众高品质、多样化需求。意见提出了提升服务区服务质量的 18 条措施：加强服务区规划与设计、加强服务区建设和改造、加强绿色服务区建设、加强服务设施日常管养、加强全天候基本服务保障、加强服务区运行秩序维护、加强公路出行信息服务、加强专业化经营管理、加强安全生产管理、加强应急保障能力建设、加强客运接驳运输服务、提升综合服务能力、畅通公众投诉渠道、加强服务考核评定、完善监督管理机制、提高资金保障水平、加强服务区队伍建设、加强服务区文化建设。

六、全国鲜活农产品运输“绿色通道”服务情况

自 2005 年起，交通运输部会同农业部、商务部、公安部、国务院纠风办、发展改革

委、财政部等部门指导各地有关部门，积极开通和建设鲜活农产品运输"绿色通道"，落实相关优惠政策，服务鲜活农产品运输。

目前享受"绿色通道"优惠政策纳入《鲜活农产品目录》的鲜活农产品共包括新鲜蔬菜、新鲜水果、鲜活农产品、新鲜的肉蛋奶、活的畜禽类等5大类、24个文类、146个具体品种或类别。从五年来的实际执行情况款，运行情况良好，已完全满足了群众基本生活的需要。2010～2013年，全国收费公路分别免收鲜活农产品运输车辆通行费130亿元、172亿元、197亿元和226亿元。2014年，交通运输部继续督促各地严格执行鲜活农产品运输"绿色通道"政策，确保整车合法装载鲜活农产品车辆免缴车辆通行费并优先便捷通行，全年"绿色通道"免收通行费248.4亿元。

但是"绿色通道"政策在执行过程中出现了一些新的矛盾和问题，最突出的问题就是假冒鲜活农产品运输车辆泛滥。根据各地的统计，在目前申报的鲜活农产品运输车辆中，假冒车辆比例平均在30%以上，很多地方甚至出现了专业化给货车提供"一条龙伪装"的非法服务，还出现了用贴纸、薄膜塑料和水泥制作的假苹果，用于摆放在货箱门口，以掩盖车厢内部的其他货物，达到偷逃通行费的目的。假冒鲜活农产品运输车辆的行为严重扰乱了正常的货运市场秩序，为此各地收费公路管理经营单位加大了查验和检测力度。

目前，绿色通道主要检测手段分为非射线成像检测法和射线成像检测法。非射线成像检测法主要包括感官法和内窥镜、取样等方法。射线成像检测法，基于同位素源射线辐射成像原理的车辆透视检查技术，利用具备穿透能力的射线对车辆进行照射，采集穿透过车辆的射线信号，从而获取到封闭车内货物图像，靠人员对图像的判断实现了封闭车辆的快速查验。考虑到人工查验效率偏低，建议利用科技手段提供鲜活农产品运输车辆检测效率，在严厉打击假冒等违法行为的同时，确保整车合法运输鲜活农产品车辆的正常、高效、便捷通行。截至2014年底，已有数十套射线成像绿色通道检查设备在河北、辽宁、江西、天津、贵州、广西、云南、新疆、河南、陕西、四川、山东、安徽等省、自治区高速公路投入运行。

为保证验货工作高效进行，河南积极推广应用"绿色通道"现代化验货设备，目前已投入使用3台，正在和即将建设的6台。另外，河南省交通运输厅高管局还联合科研院、联网公司等单位，正在编制《全省高速公路"绿色通道"现代化验货设备建设总体规划》。

下一步，交通运输部将会同有关部门，督促各地继续严格执行"绿色通道"政策，进一步规范公路执法行为，切实提高监测效率，确保鲜活农产品运输车辆便捷高效通行。

同时,交通运输部将部署相关地区,研究编制适用于现有“绿色通道”政策的《鲜活农产品鉴别手册》,方便一线收费人员对比查验,减少执法争议。

七、大件运输服务情况

随着我国经济社会的持续快速发展,重点工程建设项目越来越多,大件运输需求增长很快。近年来,交通运输部和各级交通运输部门始终高度重视大件运输服务工作,围绕规范大件运输许可、提升大件运输服务质量和运输效率、切实保障国家重点工程建设,深入调查研究,强化顶层设计,着力从法规修订、技术支撑、经济调节、服务协作等多方面,全方位提升大件运输服务水平,努力做好大件运输服务保障工作。

一是修订完善规章制度。按照大件运输和超限治理区别管理,大件运输管理重在“提升服务”、超限治理重在“严格执法”的基本原则,积极研究推进《超限运输车辆行驶公路管理规定》和《道路大型物件运输管理办法》两项部令的修订和整合工作,拟出台专门针对大件运输服务的部门规章,进一步明确大件运输资质、统一超限标准、规范许可流程、明确行政许可时限,不断规范大件运输许可行为。

二是着力提升许可效率。为切实提高超限运输许可效率,按照《公路安全保护条例》有关要求,交通运输部规划研究院牵头研究开发跨省超限运输许可服务平台,湖北、重庆等地积极探索和试行大件运输网上申请、网上许可实施办法。下一步,将结合《道路车辆外廓尺寸、轴荷及质量限值》(GB 1589—2004)和《超限车辆行驶公路管理规定》的修订工作,适时推进跨省大件运输许可网上受理,始发地牵头协调办理,统一由起运地公路管理机构受理,协调沿线省份分别审核,起运地汇总许可,切实减轻大件运输企业人力、物力投入和时间成本,提高大件运输许可效率。

三是鼓励合法高效运输。在研究修订《超限车辆行驶公路管理规定》过程中,对大件运输企业提出的简化外廓尺寸轻微超限但车辆总质量不超限,同品种、同规格、同线路、多批次重复运输,一次载运多个外廓尺寸超限但总质量不超限物品,规范合法运输车辆通行费收费等重点问题进行了深入调查研究,提出了相关政策性措施,鼓励大件运输车辆按章合法装载,提高运输效率。

四是保障重点项目运输。对国家重大建设项目和重要大件跨省运输,交通运输部和各省级交通运输部门加大协调力度,通过召开专题会等形式,建立了省际协调机制,确保大件运输顺利实施。近年来,先后有效协调并妥善解决了三峡工程、川气东输建设工程、奥运场馆建设大型钢结构运输、空客 A320 机翼设备运输等国家重点项目的大件运输与服务保障工作。

第八章 全国干线公路网应急保障工作情况及业务体系建设情况

2014 年度,受西南地区地震、重大交通事故及其他恶劣天气频发影响,全国公路交通突发事件较 2013 年有所增加,路网拥堵严重程度较 2013 年略有上升。交通运输部路况信息管理系统统计显示,2014 年突发性公路阻断事件达 14 371 起。其中,地质灾害 637 起,恶劣天气 5 757 起,事故灾难 4 395 起,其他原因 3 582 起。上述事件对路网运行造成不利影响,特别是部分重特大事故事件,造成了重大人员伤亡和道路长时间中断,严重危害了人民群众生命、财产安全。为此,2014 年,全国各级交通运输部门共同努力,持续推进公路交通突发事件应急管理和处置能力建设,全力应对重特大自然灾害和公路交通突发事件。

一、公路交通突发事件应急管理和处置能力建设情况

(一)积极探索公路交通应急管理机制

2014 年,全国多个省份开展了公路交通应急业务创新,积极探索科学有效的管理机制。一是尝试成立公路交通应急领导小组(或相应的机构),负责指挥协调公路应急救援处置工作。二是制定和修订省级公路交通应急预案,并根据实际需求增加编制了多部专项预案。三是省级交通运输部门组建应急指挥中心,开展公路应急救援的指挥调度工作。四是各级交通运输部门强化与公安消防、环境监测、医务救援、安全生产监督管理等单位和部门的应急联系机制,如辽宁省交通部门通过与气象部门建立气象会商平台、联合布设公路沿线气象监测站等方式,加强实时气象数据的采集和分析能力,并利用专用气象信息网站、电话传真、手机短信等服务方式,进一步提高公路交通气象预警预报的精细化和可服务水平。四是部分相邻省份建立有效沟通机制,实现区域内信息共享和应急联动,如冀晋蒙陕四省(区)协调联动联席会议制度,基本建立省际区域多

层级日常联络机制,各省界路段管理单位间合作交流也不断密切。

(二)继续增强公路交通应急队伍力量

一是组建省级公路交通应急队伍。据统计,全国已有12个省份建设了省级公路交通应急队伍。二是高速公路经营管理单位应急队伍配备逐步完善,各高速公路路段基本组建了专职应急抢险队伍,并储备了基本应急物资,部分省份因地制宜组建了特点突出的专业应急队伍,如吉林组建的48支除雪防滑应急队伍,江西筹建高速公路隧道应急救援中心等。三是普通国省干线公路初步建立三级应急队伍体系。目前,全国多个省份按照“平战结合”的原则,初步建立了由省、市、县三级组成的普通国省干线应急队伍,如福建组建了由省级总队、市级支队和县级分队三级队伍组成的普通公路应急队伍。

(三)全面提升应急处置信息化水平

全国多个省份通过公路交通应急指挥管理平台建设,开发省域交通地理信息系统、公路视频管理平台、应急储备物资数据库、突发事件实时报送系统及应急指挥系统等平台和系统,完善应急通信网络,充分发挥移动交通应急平台功能,加速提高应急处置的信息化水平。如福建交通部门在使用交通灾害信息管理系统、交通地理信息管理系统的基础上,建成运行福建省交通运输安全监管与应急处置系统平台,实现了与省高速公路监控中心、省公路局分中心、省港航局分中心、省运管局分中心等系统及现有信息的数据对接和联网运行,并逐步发挥其统一收集信息、协调指挥的良好功能。

二、2014年度国家公路交通联合应急演练情况

2014年11月9日,交通运输部、甘肃省人民政府、武警交通指挥部在甘肃省天水市成功举行了2014年度公路交通警地联合应急演练。本次演练重点演示了应急响应、现场指挥、灾情侦察、克服泥石流障碍、塌方体处理、落石区防护、爆破清障、开辟救援通道等8个科目。甘肃省公路管理局、道路运输管理局、高速公路管理局、公路路政执法管理局和武警交通第一支队及当地公安交警等单位共300余人、100余台(套)机械设备参加了演练。

演练采取平战结合、点面结合、虚实结合、内外结合等表现形式,演练了一套完整的应急处置流程。在内容上以应对泥石流灾害为主线,同时涵盖了地震、强降雨等主要灾

害可能引发的公路阻断形式,具有普遍适用性。整个演练既有效贯彻了统一领导、综合协调、分级负责、属地管理为主的应急处置原则,又集中反映了交通运输各部门紧密协作的应急处置能力,各个环节衔接顺畅。在总结吸取以往公路抢通工作经验教训的基础上,演练应用了很多先进技术装备和信息化通信指挥手段。调用无人机执行空中勘察任务,采用新型爆破技术排除巨石,研制应用新型帆布钢网通过泥石流掩埋路段,架设新型大跨度快速桥、机械模块化桥跨越河流,方法科学,技术含量高,应用得当,效果显著,体现了当前公路应急处置的高科技水平,起到了较好的示范引领作用。此次演练达到了检验应急响应流程,完善决策指挥体系,磨合协调联动机制,锻炼警地救援队伍,提升应急处置能力、交流应急救援技术等各项预期目标,呈现出聚焦准确、示范性强,内容充实、实战性强,行动规范、协同有序,科技引领、效果显著四方面的特点。

三、公路突发事件及应急处置情况

1. 西南地区地震造成严重损失。2014 年度全国发生 5.0 级以上地震 22 次,6.0 级以上地震 5 次,7.0 级以上地震 1 次。其中,发生在云南昭通的“鲁甸 6.5 级地震”和普洱的“景谷 6.6 级地震”及四川的“康定 6.3 级地震”造成的损失严重,特别是云南昭通市鲁甸县于 8 月 3 日、8 月 17 日连续发生 6.5 级和 5.0 级地震,造成了重大人员伤亡和财产损失,道路损毁严重。地震发生后,交通运输部杨传堂部长、冯正霖副部长多次作出重要指示,指导部署抗震救灾工作,各级交通部门投入了大量的人力物力,全力抢通保通通往灾区的各条生命线,为最终取得抗震救灾工作的全面胜利作出了重要贡献。

2. 华南、西南地区公路水毁严重。2014 年,交通运输部路网中心和国家气象局公服中心联合发布台风气象的预报预警 4 起(包括“威马逊”、“麦德姆”、“海鸥”、“凤凰”等)、蓝色以上暴雨气象预警共 9 起。受上述恶劣天气影响,2014 年 5 月至 6 月期间,我国南方大部分地区道路水毁情况严重。其中,5 月 22 日以来,我国南方部分省区持续出现大雨或大暴雨天气,强降水引发洪水、泥石流和山体垮塌等,造成广东、广西、湖南、江西、贵州、重庆等六省区多条国省干线公路局部路段严重损毁,经公路部门全力抢通,虽有部分公路交通仍短时阻断,但未出现大面积交通阻断情况,路网运行基本平稳。

3. 兰海高速公路(G75)甘肃、重庆境内发生边坡塌方事件。2014 年,西南、西北地区局部受持续出现强降雨天气,造成区域内高速公路、普通国省干线发生多起塌方、滑坡事件。4月27日22时40分,兰海高速甘肃兰临段临洮至兰州方向K24+800~K24+900处发生边坡塌方事件,塌方量约2万余平方米,导致道路半幅中断。4月28日12时许及29日凌晨2时30分,兰海高速公路重庆渝黔段出城方向雷神店至东溪K1058+500处接连发生边坡塌方(綦江区境内),导致该路段双向通行中断。事件发生后,两省交通部门迅速采取措施交通疏导措施,并组织专家和应急队伍进入现场抢险。重庆境内路段于当日抢通,甘肃境内路段经专家会商,塌方山体有二次塌方的危险,存在重大安全隐患,现场先期采取半幅双向通行的交通管制措施,并逐步组织力量开展抢通工作。

4.陕西包茂高速公路(G65)桥隧塌方事件。因持续降雨,9月16日10时00分,包茂高速公路西安至安康段茨沟至毛坝之间安沟隧道北口、罗羌湾大桥K1056+100处发生山体塌方,造成安沟隧道北口、罗羌湾大桥左幅30米断裂,墩柱倾倒和安沟隧道左线洞口被掩埋,罗羌湾大桥右幅一跨桥梁桥面受损,塌方量约40 000立方米,塌方未造成人员伤亡。事件发生后,杨传堂部长和冯正霖副部长作出重要批示和指示,交通运输部部公路局和路网中心高度重视,调集应急指挥车赶赴现场,与陕西省交通运输厅领导进行视频会商,共同研究处置工作方案。陕西省公路部门积极采取抢险修复工作,合理引导车辆绕行分流,保障了群众安全出行。

5.山西岩后隧道"3·1"特别重大道路交通危化品燃爆事故。2014年3月1日14时45分许,位于山西省晋城市泽州县的二广高速公路(G55)山西晋城段岩后隧道内,两辆运输甲醇的铰接列车追尾相撞,前车甲醇泄漏起火燃烧,隧道内滞留的另外两辆危险化学品运输车和31辆煤炭运输车等车辆被引燃引爆,事故发生后,公路部门立即派员前往事故现场,并积极配合当地政府救援力量开展清障、管制、救援等工作。据统计,事故造成40人死亡、12人受伤和整条隧道及42辆车烧毁,直接经济损失8 197万元。

6.京哈高速公路(G1)辽宁境内葫芦岛段桥梁烧损事故。4月25日凌晨2时许,辽宁境内京哈高速公路葫芦岛管段沈阳方向K369+671处,一辆装载塑料颗粒的车辆(辽NA3920,6轴货车)自燃起火。由于塑料颗粒燃烧后形成的液体燃烧物处于超高温状态,该处一座6米通道桥被烧损,沿高速公路敷设的光缆烧断。高速公路交警会同路政巡查及时发现,迅速启动应急预案,路政、交警、消防部门密切配合,采取交通管制措施,同时组织现场灭火,大火于3时5分被扑灭,没有造成人员伤亡。该事故造成京哈高速公路河北、辽宁境内长时间持续性拥堵。

7. 西藏尼木县境内特大交通事故情况。 8 月 9 日 16 时 25 分许，西藏自治区尼木县境内国道 318 线 K4740 ~ K4741 处发生一起特大交通事故，一辆越野车、一辆皮卡车与一辆旅游大客车（车牌号藏 AL1869）相撞。事故造成 44 人死亡，11 人受伤。事故发生后，杨传堂部长高度重视，两次到路网中心值班室了解人员伤亡和伤员救治情况。事后西藏交通运输部门加大了营运车辆的安全监管工作。

第九章 全国收费公路网联网收费与服务情况

一、全国 ETC 联网工作及工程建设

自 2007 年以来,在京津冀和长三角区域高速公路电子不停车收费示范工程的引领下,ETC 技术在全国各地得到了广泛应用,社会效益和经济效益初步显现。2013 年,部党组将推广 ETC 工作作为践行党的群众路线实践教育活动、提升为民服务水平的重要抓手,将实现全国高速公路 ETC 联网列为 2014 年交通运输部 8 项重点工作之一。2014 年,国务院副总理马凯,交通运输部部长杨传堂、副部长冯正霖专门就推进 ETC 工作作出批示,要求年内实现 14 省(市)联网,2015 年基本实现全国 ETC 联网。

为做好工作落实和推动工作,2014 年 3 月,交通运输部下发《关于开展全国高速公路电子不停车收费联网工作的通知》(交公路发〔2014〕64 号),正式启动全国高速公路 ETC 联网工作,并批复成立收费公路联网结算管理中心。4 月,部路网中心组织对 29 个联网省份进行调研,深入了解联网省份在高速公路 ETC 运营管理、清分结算、客户服务、系统技术等方面的现状。6 月,冯正霖副部长主持在京召开全国高速公路 ETC 联网工作推进会,对全国 ETC 联网工作进行安排部署,成立了全国 ETC 联网工作领导小组和专家组,同时下发了《全国高速公路电子不停车收费联网总体技术方案》《全国高速公路电子不停车收费联网联合测试方案》,进一步明确全国高速公路 ETC 联网的技术内容和建设要求,为各省(区、市)开展联网改造建设工程提供了技术指导和标准依据。7 月,全国 ETC 联网管理委员会成立大会在北京召开,会议讨论并表决通过了全国 ETC 联网管理委员会章程,选举成立了管委会第一届委员会。8 月,《公路电子不停车收费联网运营和服务规范》正式下发,为各省(区、市)高速公路 ETC 的联网运营和服务提供指导性标准。9 月,部路网中心按照部统一部署,相继组织在山东、北京召开全国高速公路 ETC 联网工作技术推进会,就全国高速公路 ETC 联网过程中的技术细节问题进行沟

通交流，编制并下发《全国高速公路电子不停车收费联网省(区、市)界站ETC车道监测评价技术方案》，为各省(区、市)界站ETC车道运行状况的监测评价提供依据，有效保障了全国ETC联网工作进度与质量。11月，为指导各省(区、市)做好ETC运营管理与服务工作，部公路局、路网中心编制了《公路电子不停车收费联网运营和服务规范实施细则(试行)》《〈公路电子不停车收费联网运营和服务规范〉实施手册》。

按照"统筹规划、政策指导、科学发展、稳步推进"的基本思路，加快形成全国联网、统一结算的格局，在部正确指导和各联网省份的积极配合下，部路网中心强力推进全国ETC联网工作，实现京津冀鲁晋区域、长三角区域、辽宁、陕西、湖南等14个省份的联网运行。

1. 攻坚克难，抢建全国ETC清分结算中心系统工程。在部相关司局和中心的支持下，全国ETC清分结算中心系统工程顺利完成工可、初设审批和招投标工作，按计划进入建设阶段。顺利完成功能性测试、压力测试、网络调试以及全面的系统检查和检修环节，中心系统已平稳切换、安全度过试运行阶段，顺利投入使用。

2. 严把测试关，有序开展联合测试工作。按照《联合测试方案》《实车测试方案》等要求，组织开展严格的联合测试工作。在各联网省份的大力配合下，完成网内既有设备的互联互通测试、车道系统测试、前端设备的第二轮回归测试、省界站和重点站的实车测试、抽查和复查测试，以及后台系统测试和系统联调测试。各联网省份根据测试情况有序开展用户升级、车道改造、省级中心系统调整和升级等整改工作，取得有效进展。

3. 齐心合力，推进联网省份升级改造进度。根据部统一部署，制订部省清分结算和联合测试计划，协助14个联网省份开展省级清分结算系统和发行系统升级改造。南北片区的省界站建设和升级工作按计划完成；清分结算系统、发行系统顺利与国家中心对接，进入正常业务量流转；14省(市)采取多种优惠方式发展用户、升级用户设备，采取自建、联营、委托等多种方式加快建设客服网点，为联网后的用户出行提供更大便利。

4. 不断完善，确保业务系统正常运转。为确保清分结算和综合业务操作正常流转，组织进行了与14省(市)的多轮业务测试。在14省(市)和中国邮政储蓄银行的配合下，完成交易结算资金的核对、联网开通期间逾期争议交易的处理和业务保障等工作，清分结算业务流转正常；经过多轮投诉处理的业务测试，投诉业务流转正常。

5. 加快进度，全国ETC联网服务网站如期上线。为落实64号文件要求，在中心的支持下，成功申请了全国ETC联网服务网站的三个域名，顺利完成了网站建设和相关素材汇总，并于12月27日上线运行。

6. 细化运营规范，组织行业内运营与服务培训。根据《运营规范》，牵头编制并下发了《实施细则》和《实施手册》,严格要求各联网省份做好 ETC 运营管理与服务工作。为切实提升 ETC 运营的服务管理、服务水平,调集行业专家力量,于 11 ~ 12 月组织 2014 年联网省份开展了三期全国 ETC 联网运营与服务培训,14 省市的 ETC 清分结算中心负责人、业务人员、客户服务和投诉处理人员以及各发行方负责人、客户服务部门人员、各省界站站长等共 450 余人参加了培训,为联网运行做好了业务和服务准备。

7. 回应公众期待,协助媒体做好宣传工作。交通运输部组织 9 家媒体对 ETC 联网工作的系统建设、车道测试、营业网点服务等工作进行了采访,这些媒体从不同角度正面报道了 ETC 联网工作的相关情况,为 ETC 联网运行营造了良好的舆论氛围。此外,中央人民广播电台开播“部长整点播报”,杨传堂部长阐述 ETC 联网重要意义,在全社会产生了广泛而积极的反响,为 2015 年基本实现全国 ETC 联网打下了坚实的群众基础和舆论基础。

8. 推动产业健康发展。全国 ETC 联网是对 ETC 系统集成商和设备制造商的一次集中检验,透明、公开的联网测试,使得存在问题一目了然,激发了市场竞争,改善了服务意识,促使 ETC 产品从设备生产到集成安装、联网运行的各环节得到了严格质量控制。不断增长的 ETC 基础设施建设和 ETC 用户规模,扩大了市场需求和产业容量,吸引了更多的优秀企业加入,形成了更加规范的产业链条,进一步推动了 ETC 产业健康发展。

2014 年 12 月 26 日,北京、天津、河北、山西、辽宁、上海、江苏、浙江、安徽、福建、江西、山东、湖南、陕西等 14 个省份成功实现了联网运行。全国 ETC 联网区域 14 个省份的 ETC 覆盖范围达到了 5.2 万公里高速公路,接近全国高速公路总里程的一半;建成了 6 659 条 ETC 专用车道,较 2014 年初增长了 37%;建成自营客服网点 718 个,合作代理网点 5 504 个,各类服务终端近 1.8 万台;发展 ETC 用户 909 万,较 2014 年初增长了 52%。

二、ETC 系统联网运行情况及效益分析

(一)基本情况

在充分调研的基础上,全面分析 14 省(市)ETC 系统的发展、清分结算管理、运营管理、客服与发行及联网设备等方面的现状和问题,为全国 ETC 联网工作的顺利完成奠定坚实基础。

京津冀鲁晋联网区域

京津冀(北京、天津、河北)区域高速公路联网电子不停车收费示范工程于 2010 年 9 月 28 日实现互联互通;山东、山西省(鲁晋)于 2013 年 12 月 31 日接入京津冀联网区域。

截至2014年底：

北京市联网高速公路共有收费站220个，建设ETC车道496条，MTC车道1 197条，发展ETC用户约154.30万（其中，OBU用户152.15万，单独用户卡用户2.15万）；

天津市联网高速公路共有收费站119个，建设ETC车道209条，MTC车道1 212条，发展ETC用户约18.57万（其中，OBU用户16.50万，单独用户卡用户2.06万）；

河北省联网高速公路共有收费站377个，建设ETC车道729条，MTC车道2 996条，发展ETC用户约51.47万（其中，OBU用户36.16万，单独用户卡用户15.31万）；

山东省联网高速公路共有收费站344个，建设ETC车道558条，MTC车道3 443条，发展ETC用户约116万（其中，OBU用户68万，单独用户卡用户48万）；

山西省联网高速公路共有收费站283个，建设ETC车道233条，MTC车道2 272条，发展ETC用户约16.11万。

据统计，2011～2013年京津冀鲁晋区域联网省（市）跨省交易量如表9-1所示。

京津冀鲁晋区域联网省（市）近3年跨省交易量统计 表9-1

年份	跨省交易量（万笔）					
	北京	天津	河北	山东	山西	合计
2011	584.35	148.42	331.32	—	—	1 064.09
2012	942.30	223.71	506.51	—	—	1 672.52
2013	1 660.11	323.11	687.03	—	—	2 670.25

注：山东、山西于2013年12月31日正式联网，2011～2013年不产生省际交易数据。

根据表9-1可以看出：

2011年全年，京津冀区域跨省市交易量为1 064.09万笔；

2012年全年，京津冀区域跨省市交易量为1 672.52万笔，较2011年涨幅57.2%；

2013年全年，京津冀区域跨省市交易量为2 670.25万辆次，较2012年涨幅60%。

由此可见，京津冀域跨省市交易呈逐年上涨趋势，如图9-1所示。从图中可以看出，北京、天津、河北跨省市交易量增长趋势非常明显。

长三角联网区域

长三角（上海、江苏、浙江、安徽、江西、福建）区域高速公路联网电子不停车收费示范工程始于2008年12月31日，上海和江苏在沪苏高速公路的省界收费站进行了ETC联合试运行开通，实现沪苏互联；2009年11月28日，安徽ETC系统开通，并实现了沪苏皖三地互联；2010年7月28日，实现沪、苏、皖、赣ETC系统互联互通。2012年初，福建并网。2012年8月2日，浙江正式并网，至此长三角（上海、江苏、浙江、安徽、江西、福

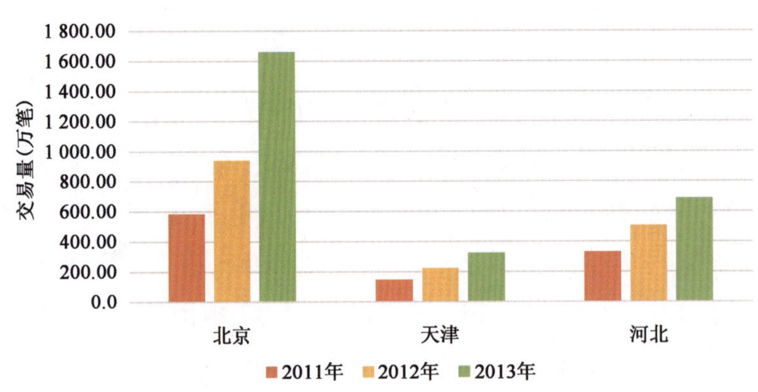

图 9-1 京津冀区域跨省市交易量分省域变化趋势

建)区域高速公路联网电子不停车收费示范工程正式实施完成,全面实现了长三角地区五省一市高速公路区域联网 ETC 互联互通、跨省市运营,跨省市清分与结算(包括跨省市通行费资金的划拨)。截至 2014 年底:

上海市联网高速公路共有收费站 109 个,建设 ETC 车道 259 条,MTC 车道 935 条,发展 ETC 用户约 44.04 万;

江苏省联网高速公路共有收费站 392 个,建设 ETC 车道 848 条,MTC 车道 2 418 条,发展 ETC 用户约 195.53 万(其中,OBU 用户 144.46 万,单独用户卡用户 51.07 万);

浙江省联网高速公路共有收费站 375 个,建设 ETC 车道 754 条,MTC 车道 2 934 条,发展 ETC 用户约 56.89 万;

安徽省联网高速公路共有收费站 180 个,建设 ETC 车道 362 条,MTC 车道 1 684 条,发展 ETC 用户约 28.01 万(其中,OBU 用户 19.55 万,单独用户卡用户 8.45 万);

江西省联网高速公路共有收费站 262 个,建设 ETC 车道 521 条,MTC 车道 1 760 条,发展 ETC 用户约 26.21 万(其中,OBU 用户 13.35 万,单独用户卡用户 12.86 万);

福建省联网高速公路共有收费站 250 个,建设 ETC 车道 456 条,MTC 车道 1 744 条,发展 ETC 用户约 38.89 万(其中,OBU 用户 34.78 万,单独用户卡用户 4.11 万)。

据统计,2011 ~ 2013 年长三角区域联网省(市)跨省交易量如表 9-2 所示。

长三角区域联网省(市)近 3 年跨省交易量统计 表 9-2

年份	跨省交易量(万笔)						
	安徽	福建	江苏	江西	上海	浙江	合计
2011	108.20	—	538.62	6.61	526.08	—	1 179.51
2012	306.30	47.07	789.59	38.45	748.40	272.01	2 201.82
2013	753.90	113.27	1 158.34	92.93	1 040.42	1 005.30	4 164.16

根据表9-2可以看出：

2011年全年，长三角区域跨省市交易量为1 179.51万笔；

2012年全年，长三角区域跨省市交易量为2 201.82万笔，较2011年涨幅86.7%；

2013年全年，长三角区域跨省市交易量为4 164.16万辆次，较2012年涨幅89.2%。

由此可见，长三角区域跨省市交易呈逐年上涨趋势，如图9-2所示。从图中可以看出，安徽、上海、江苏、浙江跨省市交易量增长趋势非常明显。

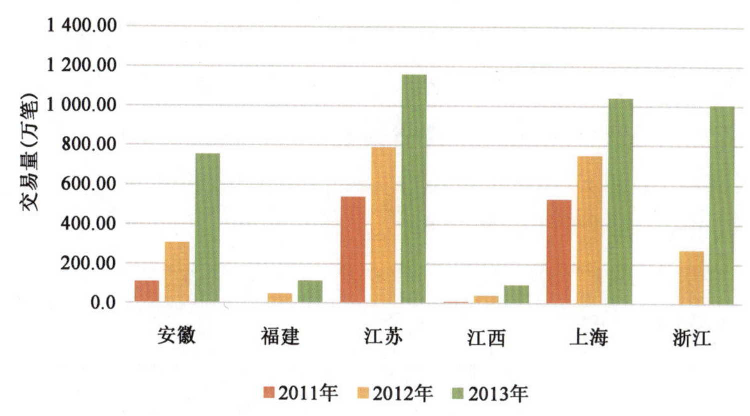

图9-2 长三角区域跨省市交易量分省域变化趋势

陕西、辽宁、湖南省

陕西省高速公路电子不停车收费经陕西省交通运输厅于2008年6月批准实施，2009年1月1日正式启用。截至2014年底，陕西省联网高速公路共设收费站298个，ETC车道383条，MTC车道1 842条，发展ETC用户约52.83万(其中，OBU用户31.49万，单独用户卡用户21.34万)。截至目前，陕西省电子收费服务网点共298个，包括自营服务网点1个，与银行合作代理网点297个，达到全省10地市及重点县区全覆盖。

辽宁省高速公路于2009年试点建设两个ETC收费站，2011年又建设23个收费站，并实现与MTC互通联网运行，至2013年末全省共开通173个收费站，共计355条ETC车道(占已开通收费站的60%)，MTC车道1 746条。截至2014年底，共设收费站288个，ETC车道459条，MTC车道1 788条，发展ETC用户约55.02万。辽宁省ETC服务网点主要包括全业务网点、电子标签安装网点、储值卡发行及发票打印网点、独立发票打印网点等，其中全业务网点40个，分布在沈阳、大连、鞍山、营口、阜新、辽阳、朝阳、盘锦、葫芦岛。除沈阳地区外，在各城市高速公路主要收费站内设置电子标签安装网点，全省共计12个。其他各网点全部设在银行营业厅内。截至目前，ETC服务网点覆盖地市级城市。

湖南省截至2014年底共设收费站356个，ETC车道705条，MTC车道2 505条，发展ETC用户约122.46万（其中，OBU用户121.00万，单独用户卡用户1.45万）。截至目前，湖南省电子收费服务网点共1 381个，均为代理服务网点。

（二）运营情况

自12月16日起，部路网中心ETC清分结算系统开始测试运行，小批量接收联网省市的数据。12月16～21日，联网区域内全部交易量为2 517 871辆次，交易金额1.76亿元，经与各省市核实，清分结果和各省市清分确认均正常，具备正式联网运行的条件。

12月26日，杨传堂部长在京宣布京津冀沪湘陕等14省市ETC联网正式运行，全国ETC清分结算系统和各省ETC清分结算系统运行正常，状态良好。2014年12月26日至2015年1月4日，全国ETC联网工作稳步运行，清分数据正确率100%，联网省市及国家中心跨省结算资金划拨及时率100%，正确率100%。联网区域内全部交易量为3 500 239辆次，交易金额达2.09亿元，日均交易量35万两次，交易金额2千万元。清分结果和各省市清分确认均正常。

ETC综合业务系统的跨省投诉子系统运行正常。截至2015年1月3日，共受理跨省用户投诉59起，结案18起，无提交国家中心仲裁投诉。

三、2014年重大节假日小型客车免费通行保障情况

（一）免费通行期间路网运行总体特征分析

根据“重大节假日免费通行数据报送系统”统计分析，2014年春节、清明节、劳动节和国庆节四个重大节假日小型客车免费通行期间，全国收费公路交通流量达59 828.82万辆，收费公路交通流量日均达2 991.44万辆。其中，高速公路交通流量达52 340.41万辆，日均达2 617.02万辆，高速公路小型客车交通流量达45 363.06万辆，占高速公路交通流量总数的86.67%，日均达2 268.15万辆。2014年，全年重大节假日小型客车免费通行减免通行费共计175.8亿元。

四个重大节假日中，国庆节和春节交通流量最大，高速公路交通流量分别为21 074.80万辆和14 441.59万辆；排名与2013年相同，与2013年同比分别增长13.44%和15.47%。国庆节和劳动节高速公路日均交通流量最大，分别为3 010.64万辆和2 929.92万辆；排名与2013年相同，与2013年同比分别增长13.44%和18.16%。此外，四个重大节假日小型客车免费通行期间，高速公路小型客车交通流量占比均在80%以上，与2013年相同，其中，春节高速公路小型客车交通流量占比最高，达到92.85%。具

体情况如表 9-3 所示。

2014 年重大节假日免费通行期间路网交通流量 表 9-3

节假日	春节	清明节	劳动节	国庆节
收费公路交通流量总量(万辆)	16 317.78	9 213.56	10 145.55	24 151.93
收费公路交通流量日均(万辆)	2 331.11	3 071.19	3 381.85	3 450.28
日均同比增长	18.38%	12.08%	14.57%	10.38%
高速公路交通流量总量(万辆)	14 441.59	8 034.26	8 789.76	21 074.80
高速公路交通流量日均(万辆)	2 063.08	2 678.09	2 929.92	3 010.64
日均同比增长	15.47%	16.65%	18.16%	13.44%
高速公路小型客车交通流量总量(万辆)	13 408.40	6 643.15	7 491.12	17 820.39
高速公路小型客车交通流量日均(万辆)	1 915.49	2 214.38	2 497.00	2 545.77
日均同比增长	16.61%	19.07%	24.10%	15.57%
高速公路小型客车总流量占总量比	92.85%	82.69%	85.22%	84.56%

(二)春节长假期间路网运行特征分析

2014 年春节长假期间,全国天气状况对交通产生不利影响,雪雾天气贯穿始终。从除夕开始,我国中东部及西南、华南地区出现大范围大雾天气,并持续到大年初四,导致多条高速公路局部路段同时封闭。自 2 月 5 日开始,冀晋陕豫鄂苏鲁皖等 8 省又出现大雪或暴雪天气,部分地区道路结冰,造成 70 条高速公路近百余个路段封闭。由于前期准备充分,经当地公路部门全力除雪抢通,封闭路段基本都在当日中午前后陆续恢复通行,未发生大范围、长时间拥堵事件。与其他假期相比,春节假期主要以探亲流为主。长假前期,中长途探亲驾车出行车流相对集中。从交通流量观测点监测的数据分析,尽管受天气状况影响,全国高速公路交通流量仍呈增长态势。

(三)清明小长假期间路网运行特征分析

2014 年清明小长假期间,一是郊游踏青与祭扫出行形成的中短途交通流量增长幅度较大,且时段相对比较集中,由于疏导及时,公众出行进一步理性,全国路网未造成大面积长时间拥堵。二是小长假期间,北方及华东大部分地区天气晴好,有利于出行,路网交通量增长明显。三是首日出行高峰较去年同期提早 1 ~ 2 个小时出现,持续时间延长至午后,主要城市周边高速公路交通压力较大。四是与其他假期不同,大型客车、大型货车仍占有相当比例,特别是大型货车流量与往日基本持平。由于不同车型之间性能存在差异,在大交通量条件下混行,对小客车免费通行的保障工作提出了更高的要求。五是安全形势进一步好转,小长假期间全国未发生重特大交通事故,也未因此发生大面积交通阻断。

(四)“五一”劳动节小长假期间路网运行特征分析

2014 年“五一”劳动节小长假期间,一是全国天气总体良好,有利出行,中短途旅游特别是自驾游大幅增加,给城市和景区出入口道路通行造成一定压力。二是随着假日旅游项目的增多和公众休闲旅游方式的不断增加,公众节假日旅游呈现多样化趋势,休闲放松特点明显,郊区游、农家乐休闲游等增多,旅游人数和出行频次增加明显,旅游路线交通压力大。三是节日期间文化活动给交通组织带来一定压力。四是交通流量大和剐蹭事故增多是加剧道路拥堵的主要原因。

(五)“十一”国庆长假期间路网运行特征分析

2014 年“十一”国庆长假期间,一是国庆假期全国高速公路及国省干线公路车流量较去年国庆同期保持上升态势;二是交通流量增加、交通事故、不良天气条件等因素叠加对公路通行造成影响,部分路段呈周期性、常态化拥堵现象;三是雾霾天气对公路通行造成一定影响,局部路网运行造成一定压力,但未发生大范围、长时间拥堵。

附表A 全国路网运行监测设施一览表

高速公路网运行监测设施一览表

附表 A-1

序号	区域/省份		车辆检测器	交通量调查设备	路段、桥梁沿线摄像机	隧道摄像机	收费站、服务区摄像机(不含收费车道)	单要素/多要素气象监测站	桥梁健康监测系统	隧道健康监测系统	上下边坡监测系统	地基沉降监测系统
1	华北	北京	283	402	762	136	419	32	3	0	0	0
2		河北	466	155	5 728	991	787	139	0	0	0	0
3		内蒙古	180	55	584	97	920	16	3	0	0	0
4	东北	辽宁	425	73	790	1 505	768	28	0	0	0	0
5		吉林	145	32	195	0	1 300	30	0	0	0	0
6		黑龙江	508	50	1 092	31	526	33	1	0	0	0
7	华东	上海	813	129	751	404	192	31	3	1	0	1
8		浙江	851	90	2 836	5 034	1 250	105	31	3	10	0
9		江苏	176	109	3 136	60	1 764	315	10	0	0	0
10		福建	573	62	1 537	6 168	1 424	60	2	0	8	0

续上表

序号	区域/省份		车辆检测器	交通量调查设备	路段、桥梁沿线摄像机	隧道摄像机	收费站、服务区摄像机(不含收费车道)	单要素/多要素气象监测站	桥梁健康监测系统	隧道健康监测系统	上下边坡监测系统	地基沉降监测系统
11	华北	江西	428	3	1 021	2 044	532	128	2	0	0	0
12		安徽	170	76	462	440	510	140	3	0	5	0
13		山东	250	121	3 698	364	1 025	63	2	1	0	0
14	华中	河南	523	0	3 908	187	3 402	119	0	0	0	0
15		湖北	1 290	50	1 247	3231	366	143	6	0	0	0
16		湖南	631	126	1 205	0	0	131	4	0	0	0
17	华南	广东	399	141	2 336	2 034	1 629	23	23	2	29	18
18		海南	0	5	200	12	0	0	0	0	0	0
19	西南	重庆	364	364	649	6 340	2 310	80	17	0	64	1
20		四川	417	23	912	2 508	1 088	69	9	3	9	7
21		贵州	363	48	289	1 701	440	53	0	0	3	11
22		云南	310	164	1 815	720	470	22	0	0	0	0
23		西藏	0	1	17	14	0	0	17	14	0	0
24	西北	陕西	477	49	1 656	4 388	958	3	4	1	3	0
25		甘肃	0	42	1 386	3 016	505	14	0	0	0	0
26		青海	15	0	81	323	88	9	1	0	0	0
27		宁夏	19	0	102	22	126	8	1	0	0	0
28		新疆	295	49	278	176	297	47	0	0	0	0

附表 A-2

普通国省干线公路网运行监测设施一览表

序号	省份/区域		车辆检测器	交通量调查设备	路段、桥梁沿线摄像机	隧道摄像机	收费站、服务区摄像机（不含收费车道）	单要素/多要素气象监测站	桥梁健康监测系统	隧道健康监测系统	上下边坡监测系统	地基沉降监测系统
1	华北	北京	283	410	620	25	16	33	7	0	0	0
2		天津	113	145	331	73	272	32	0	0	0	0
3		河北	466	342	5 731	991	793	199	0	0	0	0
4		山西	683	29	971	3 870	603	0	4	0	0	0
5		内蒙古	0	47	21	18	71	0	0	0	0	0
6	东北	辽宁	0	572	234	42	0	4	1	0	0	0
7		吉林	0	15	0	0	0	0	0	0	0	0
8		黑龙江	5	5	0	0	0	0	0	0	0	0
9	华东	上海	316	185	292	0	0	0	1	0	0	0
10		浙江	0	226	12	4	68	5	53	5	4	
11		江苏	112	333	366	0	67	2	0	0	0	0
12		福建	0	163	241	27	5	5	1	0	0	0
13		江西	0	138	170	7	0	0	0	0	0	0
14		安徽	0	265	0	0	0	0	1	0	0	0
15		山东	771	69	376	60	130	1	1	0	0	0

续上表

序号	省份/区域		车辆检测器	交通量调查设备	路段、桥梁沿线摄像机	隧道摄像机	收费站、服务区摄像机（不含收费车道）	单要素/多要素气象监测站	桥梁健康监测系统	隧道健康监测系统	上下边坡监测系统	地基沉降监测系统
16	华中	湖北	0	150	36	24	530	0	1	0	0	0
17		湖南	0	29	131	24	4	0	4	2	0	0
18	华南	广东	0	72	0	0	0	0	0	0	0	0
19		广西	0	12	100	900	770	0	0	0	0	0
20		海南	0	5	200	12	0	0	0	0	0	0
21	西南	重庆	0	118	537	121	0	0	4	0	0	0
22		四川	0	240	0	0	0	0	0	0	0	0
23		贵州	0	35	8	0	0	0	5	0	0	0
24		云南	3	7	0	0	0	0	0	0	0	0
25		西藏	0	40	16	0	0	0	0	0	0	0
26	西北	陕西	0	43	3	4	0	0	0	0	0	0
27		甘肃	0	149	0	119	114	0	1	0	0	0
28		青海	0	18	42	13	22	18	0	0	0	0
29		宁夏	0	11	0	0	0	0	0	0	0	0
30		新疆	51	188	50	0	90	12	0	0	0	0

附表B　全国公路出行服务系统一览表

序号	省份	责任单位	出行网站或栏目名称	移动客户端	新浪认证微博	微信	客服电话号码	提供媒体服务
1	北京	北京市交通委员会(信息中心)	委网站服务网页 委网站实时路况查询网页	北京路况交通眼	交通北京	—	010－12328 010－96166	北京交通广播 中央电视台 北京电视台 中国高速公路交通广播
2	北京	北京市交通委员会路政局	公路出行信息服务站	—	北京路政 bjlz	—	010－63176255 010－96108	
3	北京	北京市道路路网管理与应急处置中心	—	—	北京市路网中心	—	—	
4	北京	北京市首都公路发展集团有限公司	公司网站路况信息栏目	—	—	首发集团	010－96011	
5	北京	华北高速公路股份有限公司	公司网站路况信息栏目(京津冀)	—	—	华北京津塘	—	
6	北京	北京速通科技有限公司	速通卡网站	乐速通	—	速通卡	010－96011	
7	天津	天津市交通运输委员会	路况信息栏目	—	天津交通	—	022－12328	天津广播电台
8	天津	天津市高速公路管理处	天津市公众出行服务网(天津市高速公路出行服务网)	—	天津高速公路	天津高速公路	022－12122	

续上表

序号	省份	责任单位	出行网站或栏目名称	移动客户端	新浪认证微博	微信	客服电话号码	提供媒体服务
9	天津	天津市公路处	天津公路	—	天津路政	—	022－24139801	天津广播电台
10		天津市高速公路电子收费管理中心	建有服务网站	天津 ETC	天津市高速公路电子收费管理中心	天津高速 ETC 中心	4007554007	
11		天津市高速集团有限公司	—	—	—	—	022－960256	
12	河北	河北省交通运输厅	厅网站公众服务网页	—	—	燕赵行	—	河北广播电台 河北广播电台 FM104.3 河北广播电台私家车频道 河北电视台经济频道
13		河北省交通运输厅公路局	河北交通公众出行网站		—	—	—	
14		河北省高速公路管理局	河北省高速公路出行信息服务网(提供 ETC 服务网页)		河北高速 96122	河北高速	0311－96122 0311－12328	
15	山西	山西省交通运输厅	山西省公众出行交通信息服务网	—	山西省交通运输厅	—	0351－12328 0351－96500	山西省交通广播电台等 5 家合作媒体
16		山西省高速公路管理局	山西高速网站		山西省高速公路管理局	山西高速公众服务平台	0351－12122	
17	内蒙古	内蒙古交通运输厅(信息中心)	厅网站公众出行网页	—	—	—	0471－968858 0471－12328	内蒙古电视台 内蒙古日报社
18		内蒙古高等级公路建设开发有限责任公司	内蒙古高速公路公众出行服务网			内蒙高速	0471－12122	
19	辽宁	辽宁省交通运输厅	辽宁交通运输厅出行服务网站和栏目	—	辽宁交通	—	—	建有直播间 辽宁交通台 沈阳交通台
20		辽宁省交通运输厅公路管理局	—		辽宁公路		—	

续上表

序号	省份	责任单位	出行网站或栏目名称	移动客户端	新浪认证微博	微信	客服电话号码	提供媒体服务
21	辽宁	辽宁省高速公路管理局	—	—	辽宁高速	—	024－96199	建有直播间 辽宁交通台 沈阳交通台
22		辽宁省公路路政管理局	—		辽宁路政		024－96155	
23		辽宁省高速公路电子收费运营管理中心	建有服务网站		—	—	024－96199	
24	吉林	吉林省交通运输厅	吉林省交通公众出行服务网	—	吉林交通	—	—	吉林电视台 吉林交通文艺台 吉林综合广播 长春电视台 长春市交通之声 长春都市动听广播
25		吉林省高速公路管理局	吉林省高速公路出行信息服务网	—	吉林高速路况12122	吉林高速	0431－12122	
26		吉林省公路管理局	局网站出行服务栏目	—	—	—	0431－85651211	
27	黑龙江	黑龙江省交通运输厅（交通信息通信中心）	厅网站出行服务网页	—	—	—	0451－86607522 0451－12328	黑龙江电视台 哈尔滨电视台 黑龙江交通广播
28		黑龙江省公路局	局网站出行服务栏目				—	
29		黑龙江省高速公路管理局	局网站出行服务网页				0451－96369	
30	上海	上海市交通委员会（交通信息中心）	上海交通网 上海交通出行网	智行者 上海交通 拥堵指数	上海交通	上海交通	021－12328	上海交通广播
31		上海市路政局	局网站公众出行网页和专栏	乐行上海	乐行上海 路线－途	—	021－12122	
32	江苏	江苏省交通运输厅（交通通信信息中心）	厅网站出行服务专栏 江苏交通出行网 江苏省公众出行交通信息服务网	—	—	—	025－96196 025－12328	江苏交通广播 江苏卫视

续上表

序号	省份	责任单位	出行网站或栏目名称	移动客户端	新浪认证微博	微信	客服电话号码	提供媒体服务
33	江苏	江苏省公路局	江苏公路网站	—	—	—		江苏交通广播 江苏卫视
34		江苏省高速公路联网营运管理有限公司(江苏省高速公路联网营运管理中心)	江苏高速公众出行服务网(提供ETC服务网页)	e行高速	江苏高速96777	江苏高速96777	025－96777	
			公司网站专栏					
35	浙江	浙江省交通运输厅(信息中心)	厅网站公众出行专题网页	浙江交通公众出行	浙江交通出行	—	0571－12328	建有直播间 浙江卫视 浙江之声 交通之声
36		浙江省公路管理局	浙江省高速公路不停车收费用户服务网	—	浙江公路	浙江公路	0571－96266	
37		浙江省交通投资集团(浙江智慧高速公路服务有限公司)	浙江高速公路出行网站	智慧高速	智慧高速	智慧高速 浙江省交通集团	0571－12122	
			智慧高速网站					
38	安徽	安徽省交通运输厅	安徽交通出行信息服务网	—	—	—	—	建有直播间 安徽广播电视台交通广播
39		安徽省交通运输联网管理中心(安徽省路警联合指挥中心)	网站专栏		安徽高速	安徽交通卡订阅号 安徽交通卡服务号	0551－12122 0551－96369	
40			安徽交通卡客服中心网站					
		安徽省高速公路控股集团	集团网站实时路况网页		安徽高速96566	安徽高速服务号	0551－96566	
41	福建	福建省交通运输厅	福建省交通运输厅公众出行网页	福建省交通运输厅手机门户	—	—	—	福建交通广播 福建电视台
42			福建省公众出行交通信息服务网					
43		福建省公路管理局	局网站专栏	E路通	—	福建公路	0591－96330	
		福建省高速公路有限责任公司	闽高速信息网(提供ETC服务网页)	闽通宝	—	福建高速公路	0591－12122	

续上表

序号	省份	责任单位	出行网站或栏目名称	移动客户端	新浪认证微博	微信	客服电话号码	提供媒体服务
44	江西	江西省交通运输厅(应急指挥中心)	江西省公众出行服务网	江西交通监控掌上平台	江西交通	江西省交通运输厅应急指挥中心	—	建有直播间 江西省交通广播 江西卫视2套
45 46		江西省公路管理局(江西省公路管理局交通通信总站)	局网站路况信息网页	—	江西公路 江西交通服务热线	江西交通服务热线	0791－96122 0791－12328	
47		江西省高速公路投资集团	集团网站公众出行专栏	—	江西高速	江西高速	—	
48 49	山东	山东省交通运输厅(信息中心)	山东交通出行网	山东省交通出行信息服务	山东交通政务 山东交通出行	—	0531－96669	山东广播交通 山东省电视台
50		山东省交通运输厅公路局	公路路况信息处理平台	—	山东公路出行(腾讯)	山东公路出行服务	0531－96660	
51		山东高速集团有限公司	公司网站专栏	易高速	—	—	—	
52		山东高速股份有限公司	公司网站专栏	山东高速出行服务	山东高速出行服务	山东高速出行服务	0531－96659	
53	河南	河南省交通运输厅(通信中心)	河南省交通公众出行网	河南交通	河南交通	—	—	河南交通广播 郑州交通广播
54		河南省高速公路管理局	河南高速公路管理与公众信息服务网	—	—	—	0371－12122	
55 56		河南省交通运输厅公路管理局	局网站专栏	—	—	—	0371－96055	
57		河南省高速公路发展有限公司	路况信息栏目	—	—	—	—	
58		河南省高速公路联网监控收费通信服务有限公司	河南省高速路况直播与客户服务网	河南高速通(内测)	河南高速通	河南高速	—	

续上表

序号	省份	责任单位	出行网站或栏目名称	移动客户端	新浪认证微博	微信	客服电话号码	提供媒体服务
59	湖北	湖北省交通运输厅	湖北省交通公众出行服务网	—	湖北省交通运输厅政务服务大厅	湖北省交通运输厅政务服务大厅	—	建有直播间 楚天交通广播
60		湖北省交通运输厅公路管理局	局网站专栏		—	—	—	
61		湖北省高速公路管理局（湖北省高速公路联网收费中心）	局网站专栏 湖北高速公路公众出行网 湖北省高速公路联网收费中心 ETC 会员服务网		湖北高速路况	湖北高速 ETC	027－12122 027－96576	
62	湖南	湖南省交通运输厅（信息中心、新闻中心）	厅网站信息服务网页 湖南省交通公众出行信息服务网	湖南省交通运输厅微门户 湖南省公路实时路况	湖南交通（腾讯）	— —	— —	建有直播间 中国高速公路交通广播 湖南省交通频道
63		湖南省高速公路管理局	湖南高速公路信息服务网	—	湖南高速公路	湖南高速公路	0731－96528 0731－12328	
64		湖南省公路管理局	湖南公路网	—	湖南公路（腾讯）	—	—	
65	广东	广东省交通运输厅（档案信息管理中心）	广东省公众出行交通信息服务系统	广东交通	广东交通（腾讯）	—	—	—
66		广东省交通集团	广东省交通集团高速公路路况直播与客户服务网	广东高速通	—	广东高速通	020－96998	
67		广东联合电子服务股份有限公司	粤通卡网站				020－96533	

续上表

序号	省份	责任单位	出行网站或栏目名称	移动客户端	新浪认证微博	微信	客服电话号码	提供媒体服务
68	广西	广西交通运输厅	厅网站出行服务专栏	—	—	—	—	气象服务中心 广西交通广播 广西私家车广播
69		广西公路管理局	局网站出行信息网页	广西公路路政	广西公路管理局	广西公路管理局	0771－2115870	
70		广西高速公路管理局	广西高速公路出行信息服务网	—	—	—	0771－96333	
71		广西交通投资集团	公司网站路况信息网页	—	—			
72	海南	海南省交通运输厅（信息中心）	海南省交通公众出行信息服务网	—	—	—	0898－12328	海南交通广播
73		海南省公路管理局	局网站路况信息栏目				0898－68616861	
74	重庆	重庆市交通委员会（重庆市交通运行监测与应急调度中心）	重庆交通出行网 重庆相邻省市区域高速公路信息平台	重庆掌上交通	重庆交通	—	023－96096	建有直播间 重庆交通广播电台 重庆电视台 中央电视台驻重庆站
75		重庆市公路局	重庆市地方公路电子地图出行服务系统	重庆市公路局	重庆公路局	重庆公路	—	
76		重庆高速公路集团有限公司	重庆高速公路公众出行服务网 集团网站路况信息栏目	重庆高速通	重庆高速12122	重庆高速12122	023－12122	
77	四川	四川省交通运输厅（信息中心）	四川交通公众出行网站服务系统 厅网站实时路况播报栏目	四川交通公众出行	四川交通	四川省交通运输厅	—	四川交通广播
78		四川省公路局	局网站实时路况栏目	—	—	—	—	
79		四川省高速公路管理局	局网站路况栏目	—	四川高速	四川高速	028－12122	

续上表

序号	省份	责任单位	出行网站或栏目名称	移动客户端	新浪认证微博	微信	客服电话号码	提供媒体服务
80	贵州	贵州省交通运输厅（交通信息中心）	厅网站出行服务网页	—	—	—	—	贵阳交通广播 贵州综合广播 贵阳广播电视台 贵州广播电视台
81	贵州	贵州省高速公路管理局	局网站出行服务网页	—	—	—	0851－96196	贵阳交通广播 贵州综合广播 贵阳广播电视台 贵州广播电视台
82	贵州	贵州高速公路集团有限公司	12122门户网站 公司网站出行服务网页	黔通途	贵州高速12122	贵州高速12122	0851－12122 0851－12328	贵阳交通广播 贵州综合广播 贵阳广播电视台 贵州广播电视台
83	云南	云南省交通运输厅（信息中心）	厅网站路况信息栏目	云南省交通运输厅	云南交通	云南省交通运输厅	—	—
84	云南	云南省公路路政管理总队	公路通阻信息网页	—	—	—	—	—
85	云南	云南省公路局	局网站公路出行栏目	—	—	—	—	—
86	云南	云南省公路开发投资有限公司	公司网站出行服务网页	—	—	—	0871－96123	—
87	西藏	西藏交通运输厅	厅网站路况信息栏目	—	—	—	0891－96230 0891－12328	—
88	西藏	西藏公路局	局网站路网信息栏目	—	—	—	—	—
89	陕西	陕西省交通运输厅	陕西交通出行服务	陕西交通	陕西交通	—	—	陕西广播电台 陕西交通广播等12家 陕西电视台一套、五套
90	陕西	陕西省公路局	陕西公路信息网	—	陕西公路路况88408840	—	029－88408840	陕西广播电台 陕西交通广播等12家 陕西电视台一套、五套
91	陕西	陕西省高速公路收费管理中心	陕西省收费公路公众信息网	陕西交通12122	陕西交通12122 陕西交通12328	陕西交通12122 陕西交通12328	029－12122 029－12328	陕西广播电台 陕西交通广播等12家 陕西电视台一套、五套
92	陕西	陕西高速公路电子收费有限公司	三秦通服务网	—	—	三秦通	—	—

续上表

序号	省份	责任单位	出行网站或栏目名称	移动客户端	新浪认证微博	微信	客服电话号码	提供媒体服务
93	甘肃	甘肃省交通运输厅	厅网站公路出行网页	—	甘肃交通	甘肃交通	—	甘肃新闻广播 甘肃交通广播 甘肃经济广播 兰州音乐广播 甘肃公共频道 甘肃文化影视频道
94		甘肃省公路管理局	局网站路况信息栏目	车载移动监控视频	—	—	0931－12328	
95		甘肃省高速公路管理局（高速公路交通调度指挥总中心）	局网站公众服务网页 ETC 电子缴费公众服务平台	甘肃号百天翼交通客户端	甘肃高速	甘肃高速 96969	0931－96969 0931－12122	
96	青海	青海省交通厅	厅网站出行服务网页	—	青海交通（腾讯）	青海交通	—	青海省经济生活频道花儿调频 青海交通音乐广播
97		青海省公路局	局网站路况信息栏目		—	—	—	
98		青海省公路网运行监测与应急处置中心	青海省交通公众出行信息服务网 青海交通专业气象服务网		—	青海交通 12328	0971－12328	
99		青海省高等级公路建设管理局	局网站路况信息栏目		青海高速路网监控指挥中心（腾讯）	青海高速路网监控指挥中心	0971－12122	
100	宁夏	宁夏交通运输厅	厅网站专栏 宁夏交通气象网	—	宁夏交通运输厅	—	0951－12328	宁夏交通广播
101		宁夏公路管理局	宁夏公路出行服务系统		—		0951－96958	
102	新疆	新疆交通运输厅（通信信息中心、新闻办）	厅网站出行服务网页	—	新疆交通	—	0991－12328	新疆人民广播电台 949 交通广播
103		新疆交通运输厅路网监测与应急处置中心	新疆维吾尔自治区交通公众出行信息服务网		—		—	
104		新疆公路管理局	局网站路况信息栏目		—		0991－5281234	

附表C 重要通道运行状况评价结果汇总表

序号	通道名称		技术状况		阻断情况		拥挤情况			通道运行指数
			PQI	技术状况空间分布	阻断程度	阻断事件特征	拥挤度[28]	交通量空间分布特征	拥挤度空间分布特征	
1	京哈通道	高速公路	88.90 良等	京辽黑段处于良等水平，津冀吉段处于优等水平	累计阻断时间 953.66 d 累计阻断里程 14 981.99km 阻断严重程度 22 785.86 km·d	京哈通道全年共上报阻断事件325起，其中突发性阻断事件272起，计划性阻断事件53起。突发性事件主要是恶劣天气和车辆交通事故，分别占56%和32%。由雾霾天气导致的阻断事件比例高达46%。河北省境内路段阻断事件频度最高。 京哈通道天津、辽宁省境内路段受车辆交通事故和车流量大的影响较大，阻断程度比往年大幅增加，达到很高水平	0.70 轻度拥堵	京哈通道中的高速公路京津冀辽段交通量较大，河北段达到67 860pcu/日，与上年基本持平。北京段44 530pcu/日，连续3年保持增长态势。吉林段同比增长11%。黑龙江段最小，为22 011pcu/日。 平行的G102天津段交通量最大，超过30 000pcu/日，其次是北京段与河北段。东北地区交通量较小	京哈通道中的高速公路河北段中度拥堵，辽宁段轻度拥堵，其余路段均基本畅通。与上年相比，吉林段拥堵情况有所加剧，辽宁段略有好转，其余路段基本持平。 平行的普通公路中，G102北京段达到严重拥堵，天津段、河北段为中度拥堵，其余路段基本畅通	3.30 良等
		普通公路	83.45 良等	天津段处于优等水平，其他路段均处于良等水平	累计阻断时间 2 759.76 d 累计阻断里程 405.29 km 阻断严重程度 45 303.77 km·d		0.71 轻度拥堵			3.21 良等

[28]拥挤度：指通道年平均日交通量占通道适应交通量的比值。

续上表

序号	通道名称		技术状况		阻断情况		拥挤情况			通道运行指数
			PQI	技术状况空间分布	阻断程度	阻断事件特征	拥挤度	交通量空间分布特征	拥挤度空间分布特征	
2	京沪通道	高速公路	93.58 优等	全路段均处于优等水平	累计阻断时间 256.63d 累计阻断里程 16 482.94km 阻断严重程度 25 836.50 km·d	京沪高速阻断严重程度比去年大幅增加，但平行的普通公路较去年有大幅下降。全年共上报阻断事件552起，比去年大幅增加，其中突发性阻断事件526起，计划性阻断事件26起，突发性事件比去年有大幅增长，主要是恶劣天气和车流量大，分别占34%和49%，尤其是京沪高速北京段和上海段因车流量大引发的阻断事件占比达到87%和81%。 江苏和山东境内共发生5起危险品泄漏事件，比去年下降50%	0.85 中度拥堵	京沪通道中的高速公路全线交通量都较大，上海段达到10 6812pcu/日，与上年相比下降4%。江苏段达到72 261pcu/日，比上年下降25%，北京段达到74 306pcu/日，与上年进本持平。 平行的普通公路中，G312上海段交通量超过50 000pcu/日，与上年相比增长近80%，其次是G104北京段与G205山东段，均超过20 000pcu/日 北京 天津 G104 济南 G205 临沂 G2 扬州 G312 上海	京沪通道中的高速公路拥挤程度较高。其中，天津段基本通畅，山东段轻度拥堵，河北段中度拥堵，其余路段均严重拥堵。高速公路各路段拥堵情况与上年基本一致。 平行的普通公路中，G312上海段与G104北京段拥堵较为严重，G104天津段中度拥堵，G205山东段轻度拥堵，G205江苏段基本畅通 北京 天津 G104 济南 G205 临沂 G2 扬州 G312 上海	3.03 良等
		普通公路	92.70 优等	津冀段处于良等水平，其他路段均处于优等水平	累计阻断时间 26.04 d 累计阻断里程 18.65km 阻断严重程度 51.05km·d		0.85 轻度拥堵			3.92 良等

续上表

<table>
<tr><th rowspan="2">序号</th><th rowspan="2" colspan="2">通道名称</th><th colspan="2">技术状况</th><th colspan="2">阻 断 情 况</th><th colspan="3">拥 挤 情 况</th><th rowspan="2">通道运行指数</th></tr>
<tr><th>PQI</th><th>技术状况空间分布</th><th>阻断程度</th><th>阻断事件特征</th><th>拥挤度</th><th>交通量空间分布特征</th><th>拥挤度空间分布特征</th></tr>
<tr><td rowspan="2">3</td><td rowspan="2">京港澳通道</td><td>高速公路</td><td>92.37
优等</td><td>各路段均处于优等水平</td><td>累计阻断时间
1 561.64d
累计阻断里程
22 161.13km
阻断严重程度
28 720.06
km·d</td><td rowspan="2">京港澳高速阻断严重程度比去年进一步增加，平行的普通公路较去年有所下降。全年阻断事件1203 起，比去年下降15%，其中突发性阻断事件 894 起，比去年下降9%，计划性阻断事件 309 起，比去年下降 28%。车辆交通事故、车流量大和恶劣天气导致的突发性阻断事件最多，分别占阻断事件总数的 35%、16%和 18%。湖南和广东境内路段阻断事件的频度最高，北京境内阻断事件较去年有明显减少。
广东境内路段车辆交通事故占到阻断事件总数的 82%。湖南段车流量大导致的阻断事件占突发事件总数的24%，较去年有大幅上升。河南、湖北和湖南段受恶劣天气影响很大，雾霾事件最为严重。湖南段全年共上报计划性阻断事件 219 起，占阻断事件总数的34%，较去年有所上升</td><td>0.73
轻度拥堵</td><td rowspan="2">京港澳通道中的高速公路除了河北段、湖北段流量相对较小，分别为6 569pcu/日、28 318pcu/日，其余路段均超过 40 000pcu/日，北京段达到111 693 pcu/日，比上年增长 8%。
平行的普通公路广东段交通量最大，达到 51 242pcu/日，比上年增长 23%，其余路段交通量均在 20 000pcu/日左右 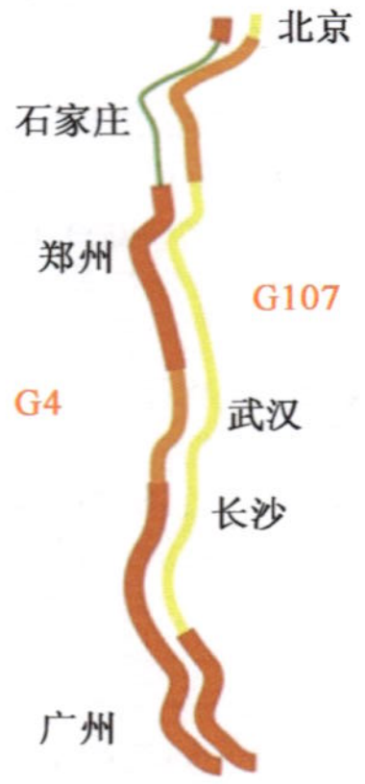</td><td rowspan="2">京港澳通道中的高速公路北京段严重拥堵，河北、河南、湖北段基本畅通，湖南、广东段中度拥堵。与上年相比，拥堵程度略有加剧。
平行的普通公路 G107 全线拥堵情况较明显，北京、湖北段为轻度拥堵，其余路段均达到中度拥堵。与上年相比，拥堵程度略有加剧 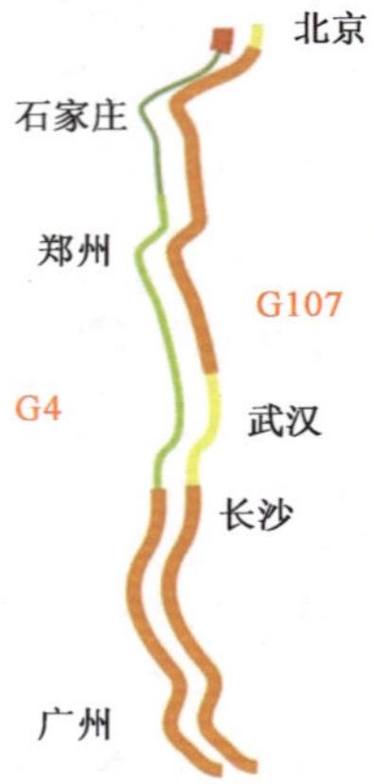</td><td>3.31
良等</td></tr>
<tr><td>普通公路</td><td>88.05
良等</td><td>北京、广东段处于优等水平，其他路段均处于良等水平</td><td>累计阻断时间
259.16d
累计阻断里程
38.75km
阻断严重程度
1 668.18
km·d</td><td>0.95
中度拥堵</td><td>3.53
良等</td></tr>
</table>

续上表

序号	通道名称		技术状况 PQI	技术状况空间分布	阻断情况 阻断程度	阻断事件特征	拥挤情况 拥挤度	交通量空间分布特征	拥挤度空间分布特征	通道运行指数
4	长深通道	高速公路	94.79 优等	各路段均处于优等水平	累计阻断时间 975.72d 累计阻断里程 14 215.67km 阻断严重程度 21 955.26 km·d	长深通道全年共上报阻断事件326起，其中突发性阻断事件273起，计划性阻断事件53起。恶劣天气导致的突发性阻断事件最多，占阻断事件总数的58%。其中雾霾天气对交通影响最大，占阻断事件总数的51%	0.37 基本畅通	长深通道中的高速公路东北地区、福建段交通量较小，其余路段交通量均较大。浙江段流量最大，为44 313pcu/日，河北段、广东段分别为3 4704pcu/日和35 486pcu/日。与上年相比，山东段增长较快，其余路段基本持平。 平行的普通公路中，G205广东段交通量最大，达到35 713pcu/日，东北地区、福建段交通量较小 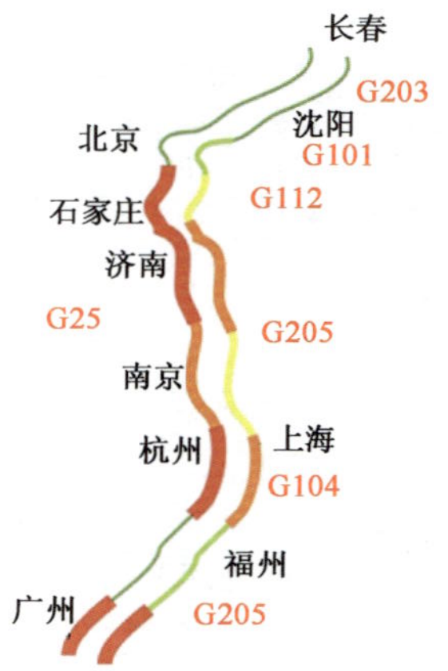	长深通道中的高速公路全线较为通畅，仅浙江和广东段达到轻度拥堵，其余路段基本畅通或畅通。与上年相比，高速公路各路段拥堵情况基本持平。 平行的普通公路中，G112河北段和G205天津、山东段达到轻度拥堵，G104浙江段达到中度拥堵，G205广东段严重拥堵，其余路段基本畅通 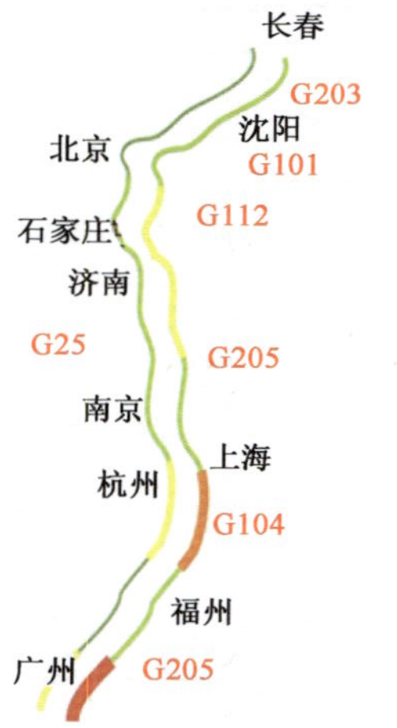	3.97 良等
		普通公路	88.52 良等	天津、山东、江苏、安徽、广东段处于优等水平，辽宁段处于中等水平，其他路段均处于良等水平	累计阻断时间 891.46d 累计阻断里程 51.71km 阻断严重程度 4 633.20 km·d		0.36 轻度拥堵			3.68 良等

续上表

序号	通道名称		技术状况		阻断情况		拥挤情况			通道运行指数
			PQI	技术状况空间分布	阻断程度	阻断事件特征	拥挤度	交通量空间分布特征	拥挤度空间分布特征	
5	连霍通道	高速公路	91.38 优等	各路段均处于优等水平	累计阻断时间 2 316.60d 累计阻断里程 17 933.28 km 阻断严重程度 52 404.28 km·d	连霍通道全年共上报阻断事件319起，其中突发性阻断事件235起，计划性阻断事件84起，突发性阻断事件较去年略有增加。 江苏和安徽境内路段主要受雾霾天气影响，新疆境内主要受冰雪天气影响。新疆境内路段车辆交通事故占比较高，达到39%，较去年有大幅增加	0.35 基本畅通	连霍通道中的高速公路G30安徽段到陕西段交通量均超过30 000pcu/日，其余路段交通量在13 000pcu/日上下。高速公路各路段交通量与上年基本持平。 平行的普通公路与高速公路交通量分布基本一致，江苏段到河南段较大，G312新疆段交通量最小，为3 405pcu/日 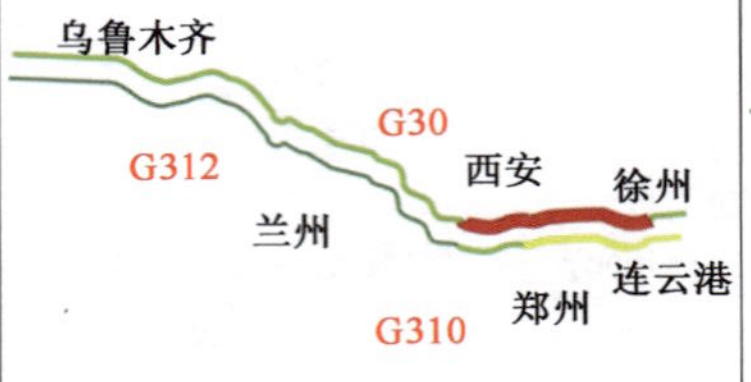 乌鲁木齐 G312 兰州 G30 西安 徐州 G310 郑州 连云港	连霍通道中的高速公路G30全线较为畅通，河南段到陕西段基本畅通，其余路段畅通。各路段拥挤度与上年基本持平。 平行的普通公路与高速公路拥堵情况基本一致，仅G310安徽段、G310河南段达到轻度拥堵，其余路段基本畅通或畅通。各路段拥挤度与上年基本持平 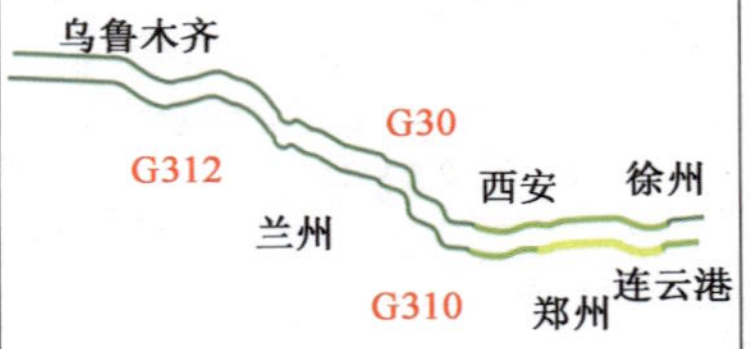 乌鲁木齐 G312 兰州 G30 西安 徐州 G310 郑州 连云港	3.89 良等
		普通公路	74.54 中等	江苏、陕西段处于优等水平，河南段处于良等水平，安徽、甘肃段处于中等水平，新疆段处于次等水平	累计阻断时间 2 761.50d 累计阻断里程 573.93km 阻断严重程度 65 816.48 km·d		0.41 基本畅通			3.22 良等

续上表

序号	通道名称		技术状况		阻断情况		拥挤情况			通道运行指数
			PQI	技术状况空间分布	阻断程度	阻断事件特征	拥挤度	交通量空间分布特征	拥挤度空间分布特征	
6	沪蓉通道	高速公路	94.46 优等	各路段均处于优等水平	累计阻断时间 1 001.99d 累计阻断里程 9 870.21km 阻断严重程度 23 997.47 km·d	沪蓉通道全年共上报阻断事件 319 起。其中计划性阻断事件 124 起，突发性阻断事件 55 起，较去年大幅减少。重庆段公路施工养护事件占阻断事件总量的58%，且主要为桥隧施工养护。湖北和四川段的突发性阻断事件几乎全部由恶劣天气导致，且主要受雾霾天气影响。G312 江苏段交通事故造成的阻断事件达到59%	0.50 基本畅通	沪蓉通道中的高速公路江苏段流量达到 79 574pcu/日，重庆段最小，为 11 100pcu/日。与上年相比，高速公路各路段流量均略有上升。 平行的普通公路中，G312 上海段交通量最大，达到 52 521pcu/日，重庆段、四川段交通量较小，分别为 8 777pcu/日和 7 048pcu/日。普通公路各路段流量与上年基本持平 成都 G318 宜昌 武汉 G312 南京 上海 重庆 G42	沪蓉通道中的高速公路江苏段达到中度拥堵，湖北到四川段畅通或基本畅通。与上年相比，湖北段、重庆段拥堵情况略有加剧，其余路段基本持平。 平行的普通公路中，G312 上海段达到严重拥堵，拥堵情况进一步加剧，其余路段基本畅通。与上年相比，四川段拥堵情况持续好转 成都 G318 宜昌 武汉 G312 南京 上海 重庆 G42	3.74 良等
		普通公路	90.07 优等	四川段处于良等水平，其他路段处于优等水平	累计阻断时间 985.33 d 累计阻断里程 125.49 km 阻断严重程度 14 660.99 km·d		0.58 基本畅通			3.77 良等

注：1. 表中技术状况数据来源于2013 年公路技术状况统计年报。

2. 拥挤度是指通道年平均日交通量与通道适应交通量的比值。

《2014 年度中国公路网运行蓝皮书》

各省(区、市)主要编写人员

北京

李志勇　沈兴华　闫　萍　刘卫清　王　益　朱　晖　张兴国

天津

郝学华　杨永前　于冉冉　张义昌　杨　亮　薛　文　丁志安

河北

陈　光

山西

董占文　祝天晴　刘铁英　赵　京　金育蘅　李　岸

内蒙古

张化平　荣　耀　刘志鹏　王晓东　张志鹏　潘永杰　侯树军

辽宁

曹文彬　冯万斌　王金鼎　刘云峰　祝　龙　杨　旭　黄书鹏

吉林

刘　炜　张宏国　王金乔　王希伟

黑龙江

杨伟杰　王　琳　贺立峰　李永祥　林　果　李继东　吴顺龙

上海

李哲良　杨晓萍　孙为珊　李若灵　曲彩凤　黄浩峰　杨建华

江苏

董　松　沙海云　张　伟　王建刚　王　欣　宋忠义　马梦豪

浙江

张文林　凌宏标　龚百晓　曾爱清　何志锋　蔡钟萱　陈文标

王国荣　张小宝　苏小刚

安徽

周正兵　沈志祥　于欣海　时之进　汪　波　刘　军

福建

艾四芽　邱慧芳　王　辉　陈敏宇　林　瑾　叶岩邦　王东航

江西

糜向荣　徐华兴　林茂森　张冬兵　王遐莽　许　俊　唐嘉立

山东

张西斌　牟　涛　周玉波　陈　博　华玉文　袁　锋　王　琳

河南

靳　明　姚　鹏　雷　磊　郭　晶　单　飞　张　源

湖北

宋征难　罗　羽　许　亮　叶少怡　黄守强　余　红　吴　炅

苏　杭　熊万全

湖南

王　嘉

广东

周德强　朱海燕　刘名刚　张富强　柯建雄　陈　村　庞志雄

广西

周书林　李远涛　郑　静　梁又文　韦海涛　黄　辛　罗启繁

海南

黄兴海　薛行方　李玉才　欧阳平　郑健平　王　勇　薛良才

重庆

张大启　任　俊　王庆珍　庹永丽　李莹英　刘　幸　张　弛

肖　伟

四川

易　术　王卓伟　兰晓军

贵州

周　旺　朱文博　吴海华　韦　波　吴桂明　魏　洋

云南

马天宇

西藏

郭迎春　大巴珠　夏远志　冯　茜　陈　彬　段美丞

陕西

杨继华　南争伟　马　讯　雷京全　郝晋源　王　磊　孙元成

甘肃

牛思胜　刘金亮　罗中民　丁红霞　张肃军　陈国武　夏冬梅
左小妹　李兆渊

青海

杨培红　肖海强　张乃月　张彩红　马小琴　张琳琳　徐有金

宁夏

刘　璟　吴永祥　江海琦　王　胜　张　晶　王　芳　彭　波

新疆

李学东　李志农　艾来提·斯马义　郑明权　贾光智　孙泽强
王　彤　王新联　李　亮

路网管理与安全服务保障技术北京市工程实验室

孙　丹　陈光武　王强华　卢晓煜　沈湘萍　苏　鹏　张　治